계층이동 가능성

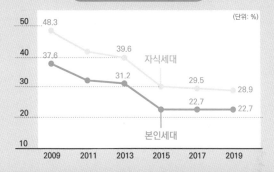

(단위: %)

자식세대
48.3 → 39.6 → 29.5 → 28.9

본인세대
37.6 → 31.2 → 22.7 → 22.7

2009 2011 2013 2015 2017 2019

*출처: 2019년 사회조사, 통계청

OECD 주요국의 상대적 노인 빈곤율

국가	노인빈곤율	전체빈곤율	국가	노인빈곤율	전체빈곤율
독일	9.7%	10.1%	네덜란드	3.1%	8.3%
일본	19.6%	15.7%	미국	22.9%	17.8%
한국	45.7%	13.8%	OECD	13.5%	11.7%

(한국은 2015년 기준, 외국은 2016년 기준)

*출처: OECD Income Distribution Database(OECD, 2019)

출생아 수 및 합계출산율

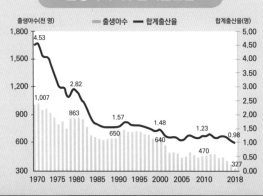

출생아수(천 명)　　■ 출생아수　■ 합계출산율　　합계출산율(명)

4.53
2.82
1,007
863
1.57
650
1.48
640
1.23
470
0.98
327

1970 1975 1980 1985 1990 1995 2000 2005 2010 2018

위기 속 대한민국,
미래를 말하다

양승조 지음

위기 속 대한민국,
미래를 말하다

양승조, 이 시대 3대 위기에 답하다

social polarization 사회 양극화

저출산 *low birth rate*

ageing, aging 고령화

새로운 100년을 향한
선택과 방향이 중요합니다

제가 좋아하는 양승조 충남지사님이 대한민국의 내일, 우리
사회의 미래에 대한 고민을 담아 저서를 냈다는 소식에 기꺼이
저의 추천사를 보탭니다. 양 지사님은 4선 국회의원을 거쳐 민
선 7기 충남도지사를 맡아 민생과 현장 중심을 펼쳐오고 계십
니다. 사심 없는 정치로 후배들에게 귀감이 되고, 한결같은 도
정으로 도민들에게 사랑받는 모습 속에서 충남도의 밝은 미래
를 엿보게 됩니다.

양 지사님과의 정치적 인연은 제가 대통합민주신당 대선 후
보 경선에 나서며 시작합니다. 경선기간 동안 선거캠프에서 총
무본부장과 대변인을 겸하며 궂은일도 마다하지 않으며, 한결

같은 성실함을 보여주었습니다. 매사에 진실한 마음과 절실한 태도를 보여 주셨습니다. 또한 마라톤 풀코스 9번, 하프코스 50번 이상을 완주한 '마라토너'로서 목표를 정하면 반드시 이루고 마는 '긴 호흡, 강한 걸음'을 가진 요즘 보기 드문 정치인입니다.

양 지사님은 12년 동안 국회 보건복지위원회에서 활동하며 저출산·고령화와 같은 사회 병리현상을 깊이 연구하고 개선해 온 '보건복지전문가'입니다. 경험과 안목을 담아 써 내려간 만큼 당면한 위기 극복을 위해 읽어 볼 가치가 충분한 책이라는 확신을 갖고 일독을 권합니다.

대한민국 현대사는 위기극복의 교과서입니다. 일제의 강압적인 식민통치와 해방, 민족상잔의 비극인 한국전쟁과 분단, 두 차례의 경제 위기에 이르기까지 현존하는 위기를 짧은 기간 압축적으로 겪었습니다. 동시에 산업화와 민주화를 이루고, 반세기 만에 인구 5천만 명에 1인당 국민소득 3만 불을 달성하며 세계에서 7번째로 '30-50클럽'의 반열에 오르는 성취를 거됐습니다. 남들은 기적이라고 말하지만, 우리는 압니다. 이것이 우리 민족의 위대한 저력이라는 것을 말입니다.

또다시 위기극복의 시험대 위에 섰습니다. 빛나는 성과의 이면에는 우리 사회를 옥죄는 신사회 위협들이 도사리고 있습니다. 중앙 집권적 운영, 대기업 위주의 경제 성장 등은 우리 사회와 국민을 양극단으로 내몰고 있습니다. 수도권에 인구와 생산 능력 절반이 집중되고, 지방은 인구가 감소해 소멸의 위기에 처했습니다. 산업 현장에서는 비정규직 차별, 원하청 불공정거래가 횡행하고 있으며, 소득 양극화와 부의 대물림 현상이 여전하며, 계층 간의 이동이 고착화되고 있습니다. 엎친 데 덮쳐 저출산·고령화까지 빠르게 진행되면서 수십 년 켜켜이 쌓여 온 사회적 난제들이 일거에 분출될 우려가 점차 고조되고 있습니다.

대한민국의 새로운 100년을 향한 우리의 선택과 방향이 중요합니다. 사람 중심, 사람 입국을 통해 지속가능한 대한민국의 동력을 만들어나가야 합니다. 이것이 지난 100년 우리가 위기 극복을 위해 걸어온 길이며, 앞으로 걸어갈 길입니다.

사람이 미래이며, 복지는 미래의 문을 열 열쇠입니다. 모두의 꿈인 사람 사는 세상, 양승조 지사님과 함께라면 만들어 갈수 있습니다. 다시 한번 그의 열정과 비전을 담은 이 책의 일독을 권하며 대한민국의 미래를 향한 양승조 도지사님의 당찬 행보와 굳은 결심을 응원합니다. 감사합니다.

2020년 1월

더불어민주당 당대표 이해찬

위기 속 어둠 뒤에 가려진 한 줄기 희망

나는 대한민국 정치인이다. 대한민국 제17, 18, 19, 20대 4선의 국회의원을 지냈다. 또한 더불어민주당에서 최고위원, 사무총장도 역임했다. 지금은 민선 7기 충청남도지사를 맡고 있다.

14년의 의정생활 가운데 12년을 보건복지상임위원회에서 일했다. 그 기간 동안 나는 항상 갈급하고 불안했다. 분단과 전쟁, 가난과 독재에 맞서 경제발전과 민주주의를 쟁취한 자랑스러운 나의 조국 대한민국이 늪에 빠진 코끼리처럼 발목을 잠그고 무릎을 덮는 위기에 잠겨가고 있었기 때문이다. 특히 사회양극화, 고령화, 저출산이라는 3대 위기는 대한민국을 절망에 빠뜨리고, 늙고 병들게 하며, 심지어 소멸의 나락으로 떨어뜨리고 있었다.

이 세 가지 위기는 각각의 다른 모습을 띠고 있지만, 실상은 서로 얽히고 설켜있다. 사회 양극화는 저출산과 노령 빈곤, 노인 자살 등을 야기하고, 고령화는 세대, 계층 간의 재정과 세제에 대한 갈등을 유발한다. 특히 저출산은 우리 사회의 모든 병폐가 응축된 결과이자 원인으로 작용하고 있다.

우리는 세상을 살면서 다양한 결정점deciding point들을 자주 만난다. 대학을 가고, 직장을 구하고, 배우자를 만나 결혼을 하고, 살 집을 장만하고, 아이를 낳아 키우는 크고 중요한 결정점들뿐만 아니라, 출퇴근은 무엇으로 할지, 오늘 점심은 무엇을 먹을 것인가와 같은 사소한 결정점들까지 늘 우리 앞에 줄지어 서 있다. 이러한 결정점들이 우리 삶을 결정짓는 중대한 순간을 이루며, 이 순간의 선택이 우리가 '정해 갈 미래'에 얼마나 중요한 기준이 되는지는 길게 설명할 필요가 없다.

2020년대의 대한민국은 바로 이러한 '결정점'을 제대로 파악하고 준비해야 할 과제로 여겨야 한다.

앞으로 펼쳐질 다양한 위협요인과 기회요인들을 면밀히 보지 않고 예산 계획을 수립하거나 복지 정책을 입안하는 정부는 잘못된 정책 의사 결정을 할 수 있으며, 이는 다시 국가의 미래를 혼란스럽게 만들 수 있다.

결국 2020년대 대한민국 사회는 여러 도전 과제 가운데 놓여있다. 경제적으로는 턱 밑까지 치고 올라온 세계 최대 소비 시장인 중국과 경쟁하면서 그곳에 진출해야 하는 과제를 동시에 안고 있고, 정치적으로는 바닥까지 추락한 국민적 신뢰 회복이 시급하며, 청년들을 하루빨리 실업의 고통에서 구해야 한다. 이런 크고 무거운 과제들 가운데서도 유독 심각한 것이 바로 사회 양극화·고령화·저출산이다.

위기를 위기로 보지 못하면 감당할 수 없는 피해에 직면하게 된다. 특히 아이와 어르신, 힘없는 서민의 고통은 이루 말할 수 없이 커지게 된다. 우리 사회가 겪고 있는 저성장, 고실업, 고부채, 저출산, 고령화 등은 서로 밀접하게 연결되어 있는 문제이며, 현 사회의 원인으로 발생한 결과이다.

과거에도, 또 지금도 우리가 갖고 있는 문제가 무엇인지 몰라서 해결책을 마련하지 못하는 것은 아니다. 실천에 고통이 따르는 방법을 택하기보다는, 눈에 보이는 단기 정책들에 매달리다가 시간만 흘려보냈다는 것이 정확한 진단이다.

나는 더 이상 진실을 회피하거나 다른 말로 포장해서는 안 된다고 생각한다. 지금이 바로 현실을 냉정하게 바라보고 국민 모두가 지혜를 모아 문제를 해결할 때이다.

현재 대한민국은 OECD 회원국 중 최저 수준의 저출산 국가이며, 세계 여러 주요 국가 중 고령화 속도가 가장 빠른 나라이다. 과거 1970년의 우리나라 출생아는 100만 명이 넘었고, 출산율도 4.53명에 달했다. 그러나 30여 년이 지난 2001년, 출생아는 55만 명으로 급락했고, 출산율 역시 1.3명으로 줄어들었다.

급기야 2018년 대한민국 출생아는 32만 6,900명으로 곤두박질쳤다. 이제 더 이상 방치할 수 없는 상황까지 이른 것이다. 만약 현재의 출산율이 계속된다면 2100년에는 대한민국 인구가 2,468만 명으로 줄어들고, 2500년이면 33만 명밖에 되지 않아, 그야말로 존립하기 어려운 상황이 된다.

2025년, 대한민국 고령인구는 1천만 명을 돌파한다. 인구 5명 중 1명은 노인이라는 얘기다. 이는 스웨덴, 포르투갈, 그리스의 총 인구와 필적하는 수치이다. 양도 양이지만 속도는 더 문제다. 고령화사회에서 초고령사회로 진입하는데 프랑스는 155년, 미국은 88년, 일본은 36년이 걸린데 비해 우리는 불과 25년 만에 세계에서 가장 빨리 늙은 나라가 될 것이다. 이런 상황에서 절반에 가까운 노인 빈곤율과 노인자살률 OECD 1위라는 불명예는 우리 스스로를 참담하게 만들 것이다.

우리 사회의 어르신들 100명 가운데 1명은 폐지를 줍지 않으면 생계를 유지할 수 없게 되었다. 그 수가 무려 8만 명을 넘는다. 이 나라를 지키고 키운 어르신들에게 정치인의 한 사람으로서 차마 고개를 들 수 없는 죄송스러운 마음이 든다.

어느새 우리나라는 전 세계 최악의 소득 양극화 국가가 되었다. 2019년 3분기 가계동향조사에 의하면 상위 10% 계층의 월평균 소득은 1,182만 9천 원인데 비해 하위 10% 계층의 월평균 소득은 90만 1천 원 수준에 불과하다. 일본의 '잃어버린 20년'이 우리에게도 닥칠지 모른다는 우려와 공포가 스멀스멀 올라온다.

미국의 경제학자 엘리스 암스덴A. Amsden은 제2차 세계대전 이후 한국의 눈부신 경제 발전을 높이 평가하며 한국이 일본에 이어 '아시아의 거인'이 되리라고 전망했다. 그러나 한국은 지금 거인이 되는 길이 아니라 장기 불황의 길을 걷게 될 수 있는 상황에 놓여 있다.

사회 양극화를 빠르게 해소하지 않는다면 이 나라 모두의 행복과 국민통합은 이뤄낼 수 없을 것이다. 나는 절박한 마음으로 이 책에서 이 위기를 극복할 선도적 모델과 종합적인 플랜을 정리하여 더불어 잘 사는 해법을 제시해 보고자 한다.

사람이 나이 들어간다는 것은 삶을 살아가는 방식이 바뀐다는 것이다. 돈 씀씀이가 달라지고, 주거 형태가 달라지고, 가족 관계도 변한다. 한마디로 모든 것이 변한다. 이것이 종합적으로 접근하지 않으면 안 되는 이유다.

최근 우리 사회가 처할 노후 준비에 관련된 현실이 어둡다 보니 국내에 출간되는 관련 서적들 역시 어두운 내용들이 많다. 심지어 '공포 마케팅'을 적극적으로 펼치는 경우가 다반사이다.

하지만 사회 양극화·고령화·저출산이 우리 모두에게 공포 마케팅의 대상이 되어서는 안된다. 오히려 귀해진 사람의 출생과 삶의 질, 그리고 삶의 후반부에 대한 진지한 성찰의 출발점이 되어야 할 것이다.

이 책은 그동안 국회의원이자 충남도지사로 일하면서 얻은 사회 양극화·고령화·저출산 문제에 대한 정보와 해법 전략들을 제시하고 있다. 이 세 가지 문제를 해결할 인생 플랜과 재무 설계 등을 그동안 국가를 지켜온 인류 문명의 진보와 진화의 관점에서 해석하고 우리가 정해 나가야 할 미래를 긍정적으로 바라보고자 한다. 이는 어려운 위기 가운데 놓인 현실이 퇴조기가 아닌, 새로운 전환기로 바꾸는 힘이 될 것이다.

정치인의 책무는 무엇인가? 국가의 안위와 국민의 안녕과 행복을 책임지는 것이다. 국가가 위기에 처했을 때, 국민의 삶이 위협받을 때 목소리 높여 알리고 국민께 소상히 아뢰는 것이다. 그래서 사회적 합의, 사회적 결단을 통해 벼랑 끝에 선 사회를 다시 본 궤도에 서도록 인도하는 것이다.

사회 양극화·고령화·저출산의 3대 위기를 극복하는 것! 이것은 비단 정치인이자 행정가인 한 사람의 개인적 고민이 아니라 우리 모두 함께 머리를 맞대고 서로의 의지와 지혜를 더해야 할 과제이다. 그래야만 우리 사회가 한 줄기 반짝이는 햇살을 바라보며, 지속 가능한 발전적인 사회로 나아갈 수 있을 것이다.

　나는 또한 확신한다. 위대한 한민족의 역량을 놓고 볼 때, 3대 위기에 대하여 정확하게 인식하고 사회적 합의를 이룬다면 얼마든지 극복가능하다는 것을. 그리고 지속가능하며 빛나는 대한민국을 만들 수 있다고.

양 승 조

목차

1부 · 과거 위기의 시대를 복기하다

2부 · 현재의 위기 1 : 사회 양극화

3부 · 현재의 위기 2 : 고령화의 위기

4부 · 현재의 위기 3 : 저출산의 위기

과거 위기의
시대를 복기하다

social polarization low birth rate ageing, aging

1장

역사 속
위기의 순간들

사회 지도자의 위치에 있는 사람이 지녀야 할 가장 큰 덕목은 무엇일까?

신념, 용기, 소통, 의지, 추진력 등 다양한 덕목이 있을 것이다. 시대적 배경과 그 사람이 추구하는 가치관에 따라 다를 수 있겠지만, 나는 모든 덕목 중 가장 중요한 것은 시대의 변화와 위기를 인지하는 통찰력, 즉 위기를 인식하고 대응하는 능력이라고 생각한다.

위기危機는 위험한 고비나 시기를 말한다. 진짜 위기는 위기인데도 위기인 줄 인식하지 못하는 것이다. 그런데 이보다 더 큰 위기는 위기인 줄 알면서도 아무것도 하지 않는 것이다.

우리가 추구하는 행복과 평안, 발전과 안전 등 모든 것은 위기 극복의 다음 순간에나 맞이할 수 있다. 위기를 인식하지 못하거나 이에 대한 대처방안을 갖고 있지 못하다면 그동안 공들여 이룩한 모든 것을 한순간에 잃을 수 있다. 이는 단체나 집단, 더 나아가 국가도 마찬가지여서 패망의 지경에 이를 수 있기에 우리가 더 경계하고 주목해야 하는 이유다. 역사는 이러한 사실을 우리에게 전하고 있다.

준비 없이 닥친 임진왜란 ||||||||||||||||||||||||||||||||

우리나라 역사 가운데 가장 큰 위기 중에 하나로 임진왜란을 꼽지 않을 수 없다. 임진왜란은 1592년 4월 13일(음력) 발발하여 1598년 11월 19일(음력)에 끝난 일본과의 7년 전쟁이다.

전쟁의 진행 상황을 살펴보면 우리의 위기의식과 대응이 얼마나 허술하였는지 여실히 드러난다.

1592년 4월 13일, 고니시 유키나가小西行長가 배 700척에 18,700명을 이끌고 오우라항大浦項을 떠난 것이 오전 8시였다. 그리고 9시간의 항해 끝에 오후 5시쯤 부산포 앞바다에 도착한다. 이날은 정발의 부산진성과 송상현의 동래성이 일거에 함락된 날이며, 일본군의 거칠 것 없는 북진이 시작된 날이다.

전쟁 15일째인 4월 28일, 조선 왕실과 조정은 한양을 버리고 북쪽으로 도주하고 전쟁 20일째인 5월 2일, 일본군은 조선의 수도인 한양을 점령한다. 이건 전쟁이 아니라 그냥 밀고 올라갔다는 표현이 적합하다. 막히는 것이 하나도 없다고 할 정도의 속도였기 때문이다.

이것이 어떻게 가능했을까? 현재 서울에서 부산까지는 자동차로 400여 km, 자전거로 560여 km 되는 거리이다. 500여 년 전에는 지금과 같은 고속도로가 아니었다. 산을 넘고 강과 냇가를 건너야 했다. 이런 상황들을 감안하면 최소 600km 정도의 거리였을 텐데, 20일 만에 한양도성이 저들의 말발굽 아래 넘어간 것이다. 이는 하루에 30km에 이르는 행군을 했다는 것을 의미하며, 또한 일본군이 별다른 전쟁 없이 서울로 진격했음을 의미한다. 역으로는 당시 조선이 제대로 된 저항 한 번 해보지 못하고 속절없이 패퇴하였음을 반증하는 것이다.

아무런 준비 없이 맞이한 전쟁의 참화는 참으로 혹독했다. 영국의 저명한 전쟁사 학자 스티븐 턴불Stephen Turnbull 교수의 저서 《사무라이의 한국 침략》에 의하면 26만 명의 인명 피해가 발생한 것으로 나타나고 있다. 지금 일본 교토 시에는 이총耳塚공원이 조성되어 있다. 일본이 전리품으로 가져간 조선인의 귀와 코를 매장한 무덤이다. 당시 일본의 전리품으로 희생된 조선 군민 수는 12만 6천여 명으로 추정되고 있다. 원래 코 무덤鼻塚이라 불렸으나 귀 무덤으로 순화·개칭하여 불리고 있다. 이것이 지금 '호코지方廣寺 석축 및 석탑'의 일부로 일본의 사적으로 지정되고, 교토 시는 이곳을 이총공원으로 조성하였다니 안타깝고 원통할 뿐이다.

피로인被擄人이라 하여 임진왜란 당시 일본군에 의해 일본으로 끌려간 조선인들도 있었다.

우리 한국 학계는 10만 명 이상으로 추정하고 있고, 일본 학계는 2만에서 3만 명으로 추정하고 있다.

어디 그뿐인가? 경복궁, 창덕궁, 창경궁 3궁이 방화로 소실되었다. 고려실록은 모두 소실됐고 조선왕조실록은 전주 사고 판본 1질만 겨우 건질 수 있었다. 민족적 자존심은 땅에 떨어졌고 소중한 문화재는 잿더미로 변했다. 당시의 주된 산업 기반이었던 농업의 파괴는 더욱 심각한 것이어서 전쟁 전 170만 결에서 전쟁 후에는 54만 결로 3분의 1이 축소되는 결과를 초래했다. 게다가 인상살식人相殺食이라 하여 사람이 사람을 잡아먹는 끔찍한 상황까지 발생하였다.

일본군에 의해 한양 도성이 점령된 한 달 전인 4월 2일로 돌아가 보자. 10여 일 후인 4월 13일 일본군이 부산에 상륙하고 한 달 후인 5월 2일 조선의 수도 한양이 일본군의 말발굽 아래 짓밟히리라고 누가, 어떤 지도자가 생각하고 공론화하였는가? 일본군이 쳐들어올 거라고, 철저히 준비해야 한다고 주장했던 사람이 있었던가? 누란의 위기 속에서도 일본에 파견되었던 통신사마저 상반된 주장을 함으로써 위기를 막을 마지막 기회마

저 놓치는 우를 범하지 않았는가? 이것이 당시 조선의 전쟁 전
위기 인식 수준이었다.

만약에 1592년 5월 한 달 전인 4월에 일본군이 부산에 침략
할지 모르니 준비하자고 누군가 제안하고 간언했으면 어떻게
됐을까? 아마도 본인을 포함한 일족이 멸문지화를 당했을지도
모른다. 죄명은 국가 혼란을 조장하고 국론을 분열시킨 것이
되었을 것이다.

이순신 장군 같은 역사에 길이 남을 장군이 안 계셨더라면,
곽재우, 고경명과 같은 의병이 없었더라면, 명나라가 제때
참전하지 않았더라면 어느 시기까지일지는 모르지만 우리는
도요토미 히데요시豊臣秀吉에게 점령당하고 지배를 받았을지도
모른다.

항복을 선언했던 병자호란 ||||||||||||||||||||||||||||

병자호란은 1598년 정유재란으로부터 38년, 1627년 정묘
호란으로부터는 9년 만에 재발한 청과의 전쟁이다.

병자호란이 안겨 준 굴욕과 참화는 더 기가 막힌다. 청의 척후 기마병이 압록강을 건넌 것은 12월 2일, 12만 대군이 건넌 것은 12월 9일이다. 서울 홍제원에 청의 본진이 들어온 것은 5일 뒤인 12월 14일의 일이다. 거의 말 타는 속도로 달려온 것이다. 임진왜란이라는 씻을 수 없는 참화를 겪은 지 38년 만의 일이니 개탄할 노릇이다. 도대체 그 세월 동안 위정자들은 무엇을 했단 말인가!

불과 5일 만에 한양 입구까지 다다른 청의 군대 앞에 당시 인조는 피난조차 갈 수 없었다. 피난처로 정한 곳이 강화도인데, 그곳으로 피난 가려고 준비할 때 이미 한양도성까지 청의 군대가 들이닥쳤기 때문이다. 결국 인조는 남한산성으로 들어가게 되고 눈물겨운 47일 동안의 항전을 하게 된다.

그 이후의 결과는 우리가 알고 있는 사실 그대로다. 전쟁 발발 두 달도 안 된 음력 1월 30일 항복을 선언하고 만다. 항복을 어떻게 했는지에 대한 그 굴욕적인 역사를 우리는 2017년 개봉된 영화 《남한산성》을 통해 볼 수 있었다. 조선의 임금이 청의 임금 앞에 끌려가 세 번 절하고 머리를 아홉 번 땅에 찧는, 일찍이 경험한 적 없는 치욕을 겪어야 했다.

1637년 1월 30일 항전 47일 만에 숭덕제홍타이지에게 일명 삼배구고두례三拜九叩頭禮를 거하며 항복하는 삼전도의 굴욕. 그것은 위기를 위기로 인식하지 못하고 그에 대처하지 못한 데 따른 처참한 결과였다.

그 능욕을 당하고도 조선왕조는 살아날 수 있었다. 하지만 왕조와 위정자들의 무능이 가져온 고통은 일반 백성의 몫으로 고스란히 전달되었다. 전사자가 만 명에 이른다는 통계는 차라리 통탄하는 것으로 그칠 수 있다. 그러나 전쟁 이후에 벌어진 일은 통탄이라는 말로는 대신할 수 없을 정도이다.

그 당시 끌려간 사람이 영화《남한산성》또는《한국민족 문화대백과사전》에 기술된 바에 의하면 50만 명, 혹자에 의하면 60만 명 설까지 있다. 당시 인구가 대략 천만에서 천백만 정도로 잡아본다면 끌려간 사람은 대략 5%에서 6%에 이른다는 것을 알 수 있다. 포로가 탈출하다 붙잡히면 철퇴로 죽이거나 발뒤꿈치를 잘라버렸다는 이야기도 전해진다.

새로 생겨난 단어들도 있다. 끌려갔던 사람이 다시 돌아오거나 도망쳐 온 여자를 '환향녀還鄕女'라고 불렀다.

이것이 지금의 화냥년이 되고 그 사람들이 난 자식들은 호로 胡虜자식이라고 불렀다. 400년 가까운 시간이 흘렀음에도 우리들 언어와 생활 속에 아직 이 말들이 남아 있는 것을 보면 직접적인 전쟁 말고도 일반 백성이 겪어야 했던 고통이 얼마나 크고 중했는지를 알 수 있다.

만약 그 당시 청나라가 명나라를 완전히 복속하여 조선과의 전쟁에 집중할 수 있는 여건이었다면, 우리 민족의 앞날은 어떻게 전개되었을지 아무도 모른다. 다행인지 불행인지 1644년이 되어서야 청은 명을 완전히 복속하고, 한족은 1911년까지 만주족의 지배를 받아야 했다. 100만도 안 되는 만주족에 의해서 1억 명이 훨씬 넘는 명나라 한족이 260년이 넘는 시간을 지배받아야 했던 것이다. 이것이 우리의 현실이 되지 말라는 보장이 없었음을 감안할 때 모골이 송연해짐을 느낀다.

이렇게 우리는 임진왜란과 병자호란 때 위기를 위기라고 인식하지 못하고 국제 정세에 대한 올바른 판단의 결여로 인해 두 번씩이나 나라가 위험에 빠지고, 백성은 고통 속에서 몸부림쳐야 했다.

나라를 고스란히 빼앗긴 경술국치 ‖‖‖‖‖‖‖‖‖‖

1910년 8월 29일은 경술국치의 날이다. 8월 22일 조인되고 7일 후인 29일, 조선왕조를 통째로 일본에 넘겨주게 된다. 정작 넘겨준 날은 총 한 번 제대로 못 쏘고 칼 한 번 제대로 휘두르지 못했다. 이미 그전에 일본에 의해 야금야금 정복당했기 때문이다.

일본은 1876년 강화도 조약을 통해 조선을 강제 개항시킴으로써 경제적 침탈을 시작했다. 1904년 한일의정서를 시작으로 1905년 을사조약을 맺어 대한제국의 외교권을 박탈했고, 1906년 통감부를 설치하여 내정간섭을 본격화하였다. 뒤이어 1907년 정미7조약(한일신협약)으로 군대를 해산하고 입법권과 행정권을 박탈하였다. 1909년에는 기유각서로 사법권과 경찰권마저 박탈하여 실질적으로 모든 국권을 빼앗았다. 그렇게 해서 조선왕조는 건국된 지 27대 518년 만에, 그리고 대한제국이 성립된 지 13년 만에 그 막을 내리게 된다.

1905년 을사늑약 체결을 찬성한 5명의 내각 대신(학부대신 이완용, 군부대신 이근택, 내부대신 이지용, 외부대신 박제순, 농상공부대신 권중현)을 우리는 을사5적이라 부른다. 1907년 조선통감부 통감 이토 히로부미 명의로 체결된 정미7조약 조인에 찬성하고 순종의 재가를 얻도록 협조한 7명의 내각 대신은 정미7적(내각총리대신 이완용, 농상공부대신 송병준, 군부대신 이병무, 탁지부대신 고영희, 법부대신 조중응, 학부대신 이재곤, 내부대신 임선준)이라 부른다.

당시 사회 지도층의 위치에 있던 을사5적과 정미7적은 국가의 위기를 인식하고도 이를 개인 영달의 기회로 이용하였다. 이처럼 사회지도층이 국가의 위기를 인식하지 못하거나, 위기를 알고도 묵인·방조하거나 오히려 이를 사적 이익 추구의 기회로 악용할 때 조직, 단체, 국가는 패망의 길로 들어설 수밖에 없다.

이후 우리는 36년간 일본의 지배를 당하게 된다. 그 고통은 지금까지도 고스란히 남아 우리의 슬픈 역사가 되고 있다. 일제강제동원피해자지원재단은 776만 4천 명의 노무동원과 군인군속 동원이 있었던 것으로 파악하고 있으며, 1965년 한일회담

당시 일본 외무성 외교문서에는 노동자, 군인 등 강제 징용자 규모를 103만 2,684명으로 파악하고 있다.

또한 '위안부' 연구 권위자 요시미 요시아키吉見義明는 전체 '위안부' 수를 최소 8만에서 20만으로 추산하고, 그중 조선 여성의 비율이 절반을 넘는다(4만~10만)는 연구 결과를 발표하였다. 800만 명에 가까운 징병 피해자와 위안부 문제는 풀어야 할 숙제이며, 일본으로부터 받아내야 하는 진솔한 사과의 근원이다.

1945년 8월 15일 끝날 것 같지 않았던 일본의 지배가 끝이 나고 마침내 해방되었다. 만약 일본이 미국의 진주만을 침공하지 않고 제2차 세계대전에 참전하지 않았다면, 그리고 수많은 우국지사의 독립을 향한 헌신이 존재하지 않았다면 과연 우리는 어떻게 됐을까? 최소한 1945년 8월 15일 해방은 없었을지 모른다. 이것이 국가 지도자와 정치 지도자, 사회 지도자가 위기를 위기라고 인식하지 않고 대처를 하지 못해 발생한 결과다.

암에 걸린 사람이 있다면, 제대로 검사하여 암 진단을 내려야 한다. 현재 상태에 맞는 처방을 위해서다. 그런 다음에야 수술

이든 방사선 치료든 치료 방법을 강구할 수 있고 그 적정한 방법을 택해 치료에 전념해야 한다. 그래야 비로소 소중한 생명을 건질 수 있는 것이다. 만약 암 걸린 사람한테 정확한 진단 없이 "괜찮을 거예요. 위장병일 거예요. 소화제 먹고 위장약 먹으면 나을 거예요"라는 처방을 한다면 암은 온몸에 전이되어 나중에는 손을 쓸 수 없는 지경에 이르고 결국 죽음을 맞이할 수밖에 없을 것이다.

2장

현대 기업의
생멸

· · ·

100대 기업의 흥망　|||||||||||||||||||||||||||||||||||

위기를 위기로 인식하지 못하면 무너지는 것은 기업의 경우
도 마찬가지이다. 손에 쥔 떡을 놓지 못한 기업은 변화의 물결
속에서 외면받을 수밖에 없다.

　대한민국 100대 기업의 위상은 어느 정도일까. 세계 12위권
의 경제대국인 대한민국의 100대 기업은 조직, 재정, 경영 등

의 측면에서 세계적인 위치에 서있다. 그러한 대한민국 100대 기업의 흥하고 망함, 성하고 쇠함은 어떠할까.

대한상공회의소는 2011년 7월, '100대 기업의 변천과 시사점 조사' 결과를 발표했다. 시가총액 상위 100대 기업 중 지난 10년 사이(2000~2010년) 41개, 20년 사이(1990~2010년) 58개, 30년 사이(1980~2010년) 73개가 탈락한 것으로 나타났다.

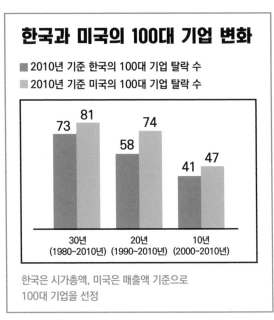

한국은 시가총액, 미국은 매출액 기준으로 100대 기업을 선정

*출처: 대한상공회의소

미국의 경우 100대 기업 자리다툼이 국내보다 더 심했는데, 대한상공회의소가 포춘지 발표 미국 100대 기업(매출액 기준)을 분석한 결과, 지난 10년 동안(2000~2010년) 47개, 20년 동안(1990~2010년) 74개, 30년 동안(1980~2010년) 81개 기업이 탈락한 것으로 조사되었다.

왜 이런 결과가 나타난 것일까? 위기를 위기로 인식하지 못하고 철저히 대처하지 못한 탓이다. 시대의 트렌드를 읽지 못해서, 위기를 인식하고 제때 대응하지 못해서, 기업 비전을 제대로 설정하지 못해서 다른 개발도상국과의 경쟁에서 밀려서, 한 시대를 풍미했던 수많은 100대 기업이 무대에서 쓸쓸히 사라져 간 것이다.

삼성경제연구소가 2005년 5월 11일 '한국기업 성장 50년의 재조명 보고서'를 발행했는데, 1955~2004년, 50년간 93개 기업이 아예 망하거나 100위권 밖으로 밀려났다는 결과를 내놓았다. 1955년 100대 기업 중 2004년에 100위권 내에 살아남은 기업은 CJ, LG화학, 현대해상, 한진중공업, 대림산업, 한화, 한전 7개뿐이었다. 또한 1964년 10대 그룹 가운데 40년 뒤인 2004년까지 10위권에 남아 있는 그룹은 삼성과 LG그룹뿐이었다.

국내 10대 그룹의 변화

순위	1964년	1974년	1985년	1995년	2004년
1	삼성	락희	삼성	현대	삼성
2	삼호	삼성	현대	삼성	현대차
3	삼양	현대	럭키금성	대우	LG
4	개풍	한국화약	대우	LG	SK
5	동아	동국	선경	선경	롯데
6	락희	대한	쌍용	쌍용	KT
7	대한	효성	한국화약	한진	포스코
8	동양	신동아	한진	기아	한진
9	화신	선경	효성	한화	GS
10	한국유리	한일합섬	대림	롯데	한화

*출처: 공정거래위원회. "대규모 기업집단 지정" 각 년도

역사의 뒤안길로 사라진 동명목재 ⅠⅠⅠⅠⅠⅠⅠⅠⅠⅠⅠⅠ

위기 인식을 제대로 못하여 소멸한 기업 가운데 동명목재를 이야기하지 않을 수 없다. 동명목재는 1980년 신군부에 의해 강탈된 비운의 기업이다. 동시에 1970년대 정부의 중화학 육성

정책과 이에 따른 섬유, 목재 등의 쇠퇴로 이미 역사의 뒤안길을 걷고 있던 기업이기도 하다.

1960년대는 목재, 섬유 같은 업종이 한국 경제의 주력이었다. 동명목재는 부산에 뿌리를 둔 세계 최대 규모의 합판 회사였다. 1965년 당시 국내 재계서열 1위의 재벌이었고, 1970년대에 한국에서 7년 연속 수출 1위 기업이었다. 강석진 동명목재 회장은 1974년 종합소득 랭킹 1위로서 2위 조중훈 대한항공 회장의 3배가 넘었다.

부산에 기반을 둔 덕분에 6.25전쟁의 참화를 피해갈 수 있었던 동명목재는 전후복구 사업과 더불어 호황을 누리기 시작했다. 땔감 부족으로 산림이 황폐해진 1959년, 남보다 한발 앞서 인도네시아산 원목을 수입하기로 사업 방침을 바꾼 것이 1961년 등장한 박정희 정권의 '산림녹화 정책(벌목금지)'과 맞물려 대호황을 누렸다. 그래서 1965년 50억 원, 1976년 500억 원, 1978년 1,000억 원의 매출을 달성했다. 그랬던 기업이 지금은 어떠한가?

시기별 매출 1위 기업의 성쇠

	1955년	1965년	1975년	1985년	1995년	2004년
삼양사	2위	23위	6위	51위	82위	–
동명목재	–	1위	–	–	–	–
대한항공	–	–	1위	16위	27위	24위
삼성물산	–	–	4위	1위	1위	18위
삼성전자	–	–	27위	9위	3위	1위

1965년 1위였던 동명목재가 소리도 없이 사라진 것이다. 물론 80년대 전두환 신군부의 강탈도 있었다. 그러나 경제 전문가들은 정치 핍박에다 경영부실이 겹쳐 발생했다고 보고 있다.

1970년대 후반부터 목재 사업은 지속적으로 추락하기 시작했다. 1975년 원목 1㎥당 40~50달러 정도이던 것이 1980년에는 169달러로 폭등했다. 동시에 국내 건축 경기의 후퇴로 국내외 판매가 부진했다. 설상가상으로 추락하는 목재 산업의 흐름을 제대로 읽지 못하고 경기 하락기인 상황에서 새로운 회사를 계속 확장(1977년 동명해운과 동명개발, 1978년 동명중공업, 1979년 동명식품 설립)해나가는 것 자체가 자금

경색을 일으키고 기업경영의 어려움을 가중시켰다. 이 여파로 1979년 한 해 동안 125억 원의 적자를 기록했다. 이렇듯 인건비가 올라가고 목재 비용이 폭등하는 등의 목재 산업의 흐름을 제대로 읽지 못한 점이 동명그룹의 좌초 원인으로 꼽힌다.

시기별 주요업종 및 부상기업

	1955 ~ 70년	1970 ~ 87년	1988 ~ 97년	1998년 ~ 현재
부상업종	삼백산업 목재 시멘트	종합상사 건설 철강 경유	전자(반도체) 자동차	전자 통신서비스 금융 자동차
대표 부상기업	금성방직 대한방직 삼양사 제일제당 동명목재	삼성물산 대우실업 현대건설 유공 호남경유	삼성전자 LG전자 현대자동차 기아자동차	삼성전자 LG전자 포스코 삼성생명 SK텔레콤 현대자동차
쇠락기업	태창방직 동립산업 중앙산업	삼호무역 동명목재 율산실업 제세 명성	국제 한일 진로	대우 한보 나산

1950~1960년대는 삼백三白산업이 주도했다가 1970년대 이후 급속히 쇠퇴했다. 1970~1980년대 중반까지는 정부의 중화학공업화 정책으로 관련 산업이 성장하였고 종합 무역 상사제 도입으로 종합상사들이 호조를 이루었다. 1980년대 중반 이후에는 전자, IT, 자동차, 통신 등의 기업이 고속 성장했음을 알 수 있다.

1975년 이전 100대 기업이 이후 대거 탈락한 이유는 정부의 중화학 육성정책과 이에 따른 섬유, 목재 등의 쇠퇴가 주된 이유라 할 수 있다. 또한 지난 50년 동안 기업의 흥망성쇠가 두드러진 이유는 과거 정부 주도의 산업정책에 안주하다가 외환위기 이후 급격한 시장 환경에 적응하지 못한 기업들이 경쟁에서 밀려났기 때문으로 삼성경제연구소는 분석하고 있다.

기업의 생멸과 관련하여 통계청이 지난 2018년 12월에 발표한 '2017년 기준 기업생멸행정통계'는 또 다른 면에서 시사하는 바가 크다. 기업생멸행정통계는 기업의 신생·소멸, 생존율 등 기업의 생애 주기와 고용 창출 효과 등을 파악하기 위한 것인데, 이 통계에 의하면 2016년을 기준으로 했을 때 창업기업의 1년 생존율은 65.3%, 2년 생존율은 50.7%, 3년 생존율은 41.5%, 4년 생존율은 33.5%, 5년 생존율은 28.5%로 나타났다. 이는 신생기업 10곳 중 7곳이 5년을 못 버티고 폐업하는 것을 의미한다.

특히 개인기업 비중이 99%인 숙박·음식점은 1년차(61.0)→2년차(42.9)→3년 차(32.2)→4년 차(23.7)→5년 차(18.9)로 5곳 중 4곳은 5년 내 폐업하는 것으로 나타나고 있다. 개인과 기업 모두 얼마나 부단한 노력과 혁신을 해야 하는지를 여실히 보여주는 수치다.

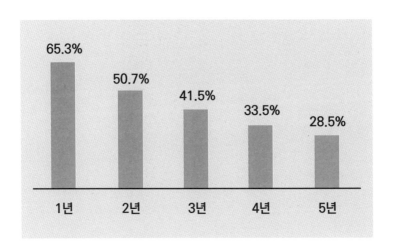

기준 연도별 신생기업 생존율

65.3%

50.7%

41.5%

33.5%

28.5%

| 1년 | 2년 | 3년 | 4년 | 5년 |

* ( )는 기업의 신생연도임 (단위: %)

기준연도	1년 생존율	2년 생존율	3년 생존율	4년 생존율	5년 생존율
2016년	('15년) 65.3	('14년) 50.7	('13년) 41.5	('12년) 33.5	('11년) 28.5

*출처: 2017년 기준 기업생멸행정통계, 통계청, 2018. 12

3장

대한민국의
현주소

급성장한 대한민국　||||||||||||||||||||||||||||||

　일제로부터 해방되고 전쟁의 참화를 겪은 직후, 우리가 처한
여건은 참담했다. 1953년도 1인당 GNI는 67달러였다. 1954
년도 수출액은 2,400만 달러에 불과했고 1964년이 되어서야
1억 달러에 이르는 정도였다. 1950년대는 외국으로부터 원조
를 받지 않으면 예산 편성조차 할 수 없는 지경이었다.

1950년대 중후반 경제 원조는 연평균 3억 달러 규모였다. 같은 기간 정부 재정수입에서 원조예산의 비중은 평균 43%였으며 심할 때는 50%를 넘었다. 이랬던 대한민국이 어떻게 변했을까?

세계은행World Bank은 2018년 대한민국 국내총생산GDP을 1조 6,194억 달러로 추계했는데, 이는 세계 12위의 규모에 해당한다. 1인당 국민총소득GNI은 한국전쟁 직후인 1953년 67달러에서 2018년 3만 600달러로 456배 증가했다. 국민 총소득은 1953년 483억 원에서 2018년 1,898.5조 원으로 39,303배 확대되었다.

어디 그뿐인가? 2019년 8월 IMF가 내놓은 세계경제전망에 따르면 구매력 평가PPP를 기준으로 할 경우 1인당 GDP가 2023년 한국 4만 1,362달러로 일본 4만 1,253달러를 추월할 것으로 내다보고 있다.

이는 2019년 구매력 평가 기준 1인당 GDP가 대한민국이 3만 7,542달러로 194개국 가운데 32위, 일본이 3만 9,795달러로 31위를 차지하고 있는 현시점에서 매우 의미 있는 자료이다.

GDP 관련 통계에서 일본을 추월하기는 역대 처음이다. 특히 1980년 당시 PPP 기준 1인당 GDP는 한국 5,084달러, 일본 2만 769달러로 격차가 4배였음을 감안할 때 참으로 격세지감을 느끼지 않을 수 없다. 이는 우리 대한민국이 차지하는 현재의 위치를 단적으로 보여주는 예라 하겠다.

이와 같이 급성장하는 대한민국의 모습은 곳곳에서 증명되고 있다. 2019년 IMD(국제경영개발대학원) 국가경쟁력 평가 결과에 의하면 평가대상 63개국 중 한국이 28위로 30위인 일본에 앞서는 것으로 나타나고 있다.

주요국 국가 경쟁력 순위

(괄호 : 2018년 순위)

싱가포르	홍콩	미국	스위스	UAE	중국	독일	영국	한국	일본	프랑스
1(3)	2(2)	3(1)	4(5)	5(7)	14(13)	17(15)	23(20)	28(27)	30(25)	31(28)

세계경제포럼WEF도 역시, 2019년 국가경쟁력 평가에서 141개국 중 싱가포르, 미국, 홍콩, 네덜란드, 스위스, 일본, 독일, 스웨덴, 영국, 덴마크, 핀란드, 타이완, 한국, 캐나다, 프랑스 순으로 한국을 13위에 올려놓고 있다.

수출의 경우도 마찬가지다. 2018년 수출 6,049억 달러, 수입 5,352억 달러로 무역액 1조 1,401억 달러를 달성했다. 또한 2년 연속 무역 1조 달러를 달성하였고, 무역수지는 697억 달러로 10년 연속 흑자를 달성했다. 수출 6,000억 달러 돌파는 미국, 독일, 중국, 일본, 네덜란드, 프랑스에 이어 세계 일곱 번째이다. 2019년에도 미·중 무역분쟁과 일본의 수출규제, 국내 경기침체라는 악조건이 있었지만, 수출 5,424억 달러, 수입 5,032억 달러로 3년 연속 무역액 1조 달러 달성이라는 위업을 이루었다.

2018년의 수출실적은 1억 달러 수출을 기념해 '무역의 날'을 만든 1964년과 비교해 6,000배 이상 증가한 것이며 1948년 수출을 시작한 이후 70년 만의 최대 실적, 무역통계를 작성하기 시작한 1956년 이후 62년 만에 이룬 사상 최대치의 실적이다. 국토면적 107위, 인구 27위임에도 불구하고 수출 세계 6위 수성, 수출규모 세계 10위권 안에 진입한 나라는 2차 세계대전 이후 독립한 국가 중에서 우리나라가 유일하다.

우리나라는 세계 9위 무역국으로 세계무역의 3.1% 비중을 차지하고 있으며 '무역 1조 달러 클럽'은 우리나라 포함 10개국에 불과하다. '20-50클럽'은 1인당 국민총소득 2만^{20 Thousand} 달러 이상, 인구 5천만^{50 Million} 명 이상의 기준을 동시에 충족한 국가를 지칭한다. 같은 논리로 '30-50클럽'은 국민소득 3만 달러·인구 5,000만 명 이상의 기준을 충족한 것을 말한다.

우리나라는 2006년 국민소득 2만 달러, 2012년 인구 5천만 명을 달성했다. 이로써 미국, 일본, 독일, 프랑스, 영국, 이탈리아에 이어 세계 일곱 번째로 '20-50클럽'에 진입했다. 이어 2018년 1인당 국민총소득 3만 달러 돌파로 '30-50클럽'에 일곱 번째로 진입했다. 식민지를 가진 경험이 없는 국가, 제국의 지배를 받았던 국가가 '20-50클럽', '30-50클럽'에 진입한 것은 우리나라가 세계 최초다.

원조 분야는 어떤가? 우리나라는 지금 원조를 얼마나 하고 있는가? 1950년대만 해도 원조를 받지 않으면 정부 예산을 편성할 수 없을 정도의 나라였는데 2019년 ODA 지원 규모 28억 달러(3조 2,003억 원)가 될 정도로 원조대국이 되었다.

2009년 11월 25에 '선진국 중의 선진국'이라는 별칭이 붙은

OECD개발원조위원회DAC : Development Assistance Committee에 24
번째 DAC 회원국으로 결정되었다. DAC는 국제사회 원조의
90% 이상을 담당하는 주요 공여국의 모임이다. OECD 3대 위
원회 중 하나이며 OECD 국가라 하더라도 공적개발원조 총액
1억 달러 이상 또는 국민순소득 대비 0.2% 초과라고 하는 조건
을 갖추어야 가입이 가능하다.

식민지 지배를 받던 나라, 한국전쟁 직후 절대빈국의 상태에
서 공적개발원조ODA로 연명하던 '최빈 수혜국'에서 신흥 개도
국을 도와주는 위치의 '선진 공여국'으로 탈바꿈한 나라, '원조
수혜국'에서 '원조 공여국'으로 전환된 유일한 국가가 바로 우
리 대한민국인 것이다.

어디 그뿐인가? 독재와 쿠데타, 군사반란을 이겨 내고 5년마
다 평화적 정권교체를 이루는 민주주의를 실현한 나라가 우리나
라이며, 전 세계인들의 이목을 사로잡는 K-POP, K-Beauty, 영
화, 드라마 등 한류 열풍을 불러 일으키고 있는 나라가 자랑스러
운 우리나라, 대한민국이다.

국가 존망을 좌우하는 3대 위기 ||||||||||||||

앞에서 말한 것처럼 자랑스럽고 정말 대단한 나라임에도 불구하고 그 이면을 들여다보면 대한민국 사회에 커다란 위기가 다가오고 있다고 나는 생각한다. 나는 14년 국회의원 활동을 하는 동안 12년을 보건복지상임위원회에서 일했다. 대한민국 병리적 현상, 사회현상을 가장 오랫동안 보아왔다. 나처럼 보건복지상임위원회를 12년 한 사람은 전에도 없었고 앞으로 나올 가능성이 적다. 왜냐하면 그렇게 인기가 있는 상임위가 아니기 때문이다.

보건복지위는 크게 인기가 있는 상임위가 아니다. 인기 있는 상임위는 돈이 되거나 사람들의 주목을 받거나 지역에 티를 낼 수 있어 의원 생환율이 높은 위원회, 예컨대 국토위, 교문위, 산자위, 정무위, 농해수위 등이다. 게다가 보건복지위는 아동, 노인, 장애인, 보육, 연금, 보건의료 등 복잡한 사회적 병리 현상을 다루고 소위 '빛'이 안 난다.

그러나 보건복지위는 국민 실생활에 가장 큰 영향을 끼치는 대단히 중요한 위원회이다. 나는 12년 동안 보건복지위에서 일하며 우리 사회의 구조적 폐단과 불평등, 고착화된 위기를 관찰할 수 있었다.

대한민국 국회의원 300명 중에 가장 오랫동안 대한민국 사회병리 현상과 위기 현상을 봐온 나로서는 이 상태가 계속된다면 언젠가 대한민국은 국가 존폐 위기에 놓일지도 모른다는 생각을 지울 수가 없었다. 누군가는 그것이 대한민국 국회의원을 했던 사람으로서, 또 지금 도지사를 하고 있는 사람으로서 할 말이냐고 호통을 칠지도 모르겠지만, 그만큼 사회적 병리 현상이 심각하다는 이야기를 하는 것이다. 정말 나라를 망하지 않게 하기 위해서는 지금이라도 무엇이 문제인가를 제대로 파악해야 한다. 변화와 혁신을 위해 노력해야 한다. 원인을 분석하고 대안을 준비해 나가야 하는 것이다.

그렇다면 혁신과 변화, 그리고 성장이란 무엇일까? 혁신과 성장을 이야기할 때, 진정한 변화와 혁신 성장을 위한 준비란 무엇일지부터 고민해 봐야 한다. 변화를 위한 혁신 성장은 기본적으로 기존 방식으로는 어렵다는 문제의식에서 출발한다.

기존 방식이란 '상대적으로 전통적인 산업에서 거대 자본 투입으로 정부의 재정이 지원되는 방식'이다. 그러나 진정한 혁신 성장은 이러한 상황에서 벗어나 기존 방식과 다른 혁신적 활동을 통해 가치를 창출하고 지속적인 성장을 도모하는 것이다. 소득주도 성장, 혁신 성장, 공정 경제 등이 이에 해당된다.

혁신적 활동은 해당 주체의 생계와 지위를 위협하지 않아야 하며, 문제 해결에 천착하고 이를 통한 성취감을 스스로의 동력으로 활용하는 환경 속에서 다양한 방식의 통합 비즈니스 모델을 도모해 나가야 한다. 또한 정부 주도의 특정 분야 선택과 해당 분야에 대한 대규모 물량 투입으로 성과를 내겠다거나 단기적으로 가시적인 성과를 내겠다는 잘못된 사고방식의 오류에서도 탈피해야 한다.

우리 경제에서는 20년 전의 외환위기 이후에 벤처붐 등 일시적인 기간을 제외하면 사실상 특별한 의미를 부여할 만한 혁신이 일어나지 않았고, 결과적으로 저성장과 양극화로 경제 동력도 사라지고 있다. 이러한 상황에서 단순히 국내 투자 유치나 몇몇 기업에 의존하게 되면 단기적인 효과에 그치면서 한국 경제의 혁신 성장의 여건을 더욱 악화시킬 수 있다.

앞으로 우리는 고식지계姑息之計에서 벗어나야 한다. 경제를 포함한 사회 전반의 복지정책 모두 기존 방식을 재탕하거나 현상 유지를 하는 데서 벗어나 혁신적 활동이 활성화되는 패러다임으로 바뀌어야 하는 것이다. 이를 통해 혁신 활동으로부터의 온기가 경제 전반으로 확산되는, 즉 윗목과 아랫목이 단절되지 않는 노력들을 전개해야 한다.

우리나라는 역사적 시대별로 그 시대만의 시대정신時代精神, Zeitgeist, 차이트가이스트이 있다. 일제 강점기에는 나라의 독립과 조국 해방이었다. 안중근, 유관순, 윤봉길, 김좌진, 윤동주 등이 그 시대를 짊어졌다. 해방 이후에는 나라가 나아가야 할 방향이었다. 15세의 마산상고 김주열과 4.19 혁명이 그것을 촉발시켰다. 산업화 시대에는 경제발전, 사업보국이었다.

수많은 민중, 특히 구로공단·평화시장 여공, 월남 파병, 파독 광부·간호사들이 그 시대를 이끌었다. 군사독재 시기와도 겹친 이때는 인권과 민주주의가 차이트가이스트였다. 우리는 전태일, 박종철, 이한열을 비롯한 수많은 청춘의 피와 눈물을 기억한다.

2019년 현재의 시대정신은 국회, 정부, 경제, 사법부, 언론, 검찰 등 적폐청산 및 개혁이다. 군사독재, 권위주의, 보수정권 등에서 켜켜이 쌓아온 권언유착, 정경유착, 사법불신의 뿌리를 발본색원해야 할 때다. 그렇다면 적폐청산 그 이후는 무엇인가? 또 국가의 존폐를 가져올 수 있는 심각한 위기란 무엇일까? 그에 대한 판단 기준으로 나는 우리 사회에 깊숙이 침투해 있는 3대 위기를 제시한다.

즉 사회 양극화의 위기, 고령화의 위기, 저출산의 위기이다.

위기는 보이는 것만이 무서운 것이 아니다. 보이지 않는 위기가 더 크고 무서운 것이다. 보이지 않기 때문에 감지하기 어려우며, 감지하더라도 현실적으로 느끼는 강도가 약할 것이기 때문이다. 나는 이 위기를 우리 사회 구성원 모두가 실질적으로 깨닫고 대처해나가야 한다고 생각한다. 그렇지 않을 경우 우리는 커다란 위험과 고통에 직면하게 될 것이다. 그것은 아마도 지금까지 우리가 겪은 고통과는 비교도 안 되는 것이며, 나라와 민족의 존망과도 연결되는 위험요소가 될지 모른다.

모두가 힘을 모아 우리의 후손들만큼은 이러한 문제를 떠안고 살지 않도록 해주어야 한다. 기존 사고방식에서 벗어나 새롭고 명쾌한 정책 체계를 마련하는 데 중앙정부와 지자체가 지혜를 모아야 한다.

현재의 위기 1
사회 양극화

social polarization low birth rate ageing, aging

2부

1장

사회 양극화
현상

우리 국민이 느끼는 행복도 ||||||||||||||||||||||||||||||||

나는 인생을 출발과 멈춤, 시작과 끝이 있는 여정이라기보다는 과도기, 새로운 발견, 방향 전환이 뒤섞인 과정이라고 본다. 따라서 인생을 전후반으로 나누고 어떤 시점을 정해 정체기나 위기로 국한시키지 않는다. 인간의 삶이란 물결처럼 굽이치고 가로지름의 연속이다.

결국 인생에서 만나는 산봉우리와 골짜기는 정점과 저점이 아닌, 더 많은 지식을 쌓고 더 큰 목적을 달성하기 위한 전환점이자 기회인 것이다.

그동안 우리는 인생의 경로가 직선 형태라 믿었고, 새로운 도전과 여정을 시작하는 것은 정상 경로에서 이탈하는 것이라고 불안해했다. 지식을 쌓고 습득하는 과정은 주로 고등 교육 시기에 이루어지고, 이후의 선택과 발전은 직장 생활과 인생 경험을 통해 이루어진다.

행복이란 결국 개개인이 느끼는 삶의 질에 따라 달라지고, 배움과 지식과 지혜는 실타래처럼 우리의 행복을 이어지게 만드는 연결 고리를 제공한다.

유엔 산하 자문기구인 지속가능발전해법네트워크SDSN는 전 세계 156개국을 상대로 국민 행복도를 조사, 그 결과를 담은 '세계행복보고서'를 매년 3월 즈음에 발표한다. SDSN은 국내총생산GDP, 기대수명, 사회적 지원, 선택의 자유, 부패에 대한 인식, 사회의 너그러움 등을 기준으로 하여 국가별 행복지수를 산출하는데, 2019년 3월 20일 발표한 '세계행복보고서'에서 우리나라는 54위를 차지했다.

최근 5년간 순위 변동을 보면 47위('15년) → 58위('16년) → 56위('17년) → 57위('18년) → 54위('19년) 등으로 한국은 대체로 50위권에 머물러 있다. 우리나라가 10위권에 속하는 경제대국이라는 측면에서 볼 때, 국민이 느끼는 행복 지수와는 그 괴리가 크다.

이러한 결과는 또 다른 조사에서도 확인할 수 있다. 2018년 국회예산정책처가 최근 5년간의 '2019 세계행복보고서' 자료에 나타난 행복지수 평균을 계산한 결과, 한국은 최근 5년간 OECD 36개국 중 29위(5.88점)를 차지하여 하위권에 위치하고 있으며 점수 또한 OECD 평균인 6.62점보다도 낮은 수치가 나왔다.

이뿐만이 아니다. 한국보건사회연구원이 2016년 12월 펴낸 'OECD 국가의 복지 수준 비교 연구'보고서에 의하면 복지 수준은 2016년 OECD 34개 회원국 중 21위이며, 삶의 만족도와 국가 투명도, 자살률, 합계출산율, 여가, 출생 시 기대수명 등으로 측정한 국민 행복도는 OECD 34개 회원국 중 33위로 꼴찌 수준에 머물고 있다.

어느 조사결과를 보더라도 우리 국민이 느끼는 행복지수는 높지 않다. 왜 그런가? 물론 여기에는 상대적 박탈감 등 여러 이유가 있을 것이다. 하지만 다음에서 설명하는 여러 통계를 보면 그 원인의 일부를 명확히 확인할 수 있다.

계층 인식과 계층 이동 ||||||||||||||||||||||||||||||||||||

① 국민 10명 중 4명, "나는 하층민이다"

2019년 통계청에서 전국 약 1만 9천 표본 가구 내 상주하는 만 13세 이상 가구원 약 3만 7천 명을 대상으로 사회조사를 실시했는데 자신의 소득, 직업, 교육, 재산 등을 고려한 사회 경제적 지위에 대한 의식 결과는 놀라웠다.

자신을 상층민이라고 인식하는 계층이 2.4%, 중층민이라는 인식이 58.5%, 하층민이라는 인식이 39.1%로 나타났다.

이 결과에 의하면 국민 열 명 중 네 명이 자신이 하층민이라고 생각하고 있는 것이다. 국민의 약 40%가 스스로를 하층민이라고 생각하는 사회에서 애국심과 책임감이 어떻게 생겨날 수 있을까.

② "사회·경제적 지위 상승가능성 없다", 64.9%

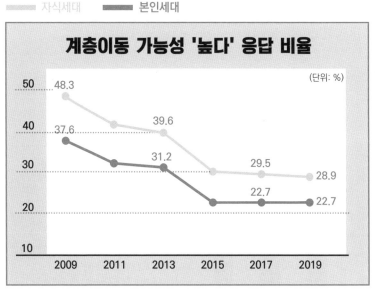

계층이동 가능성 '높다' 응답 비율

*출처: 2019년 사회조사, 통계청

사회조사에는 이런 항목도 있었다. '당신이 열심히 살 때 사회·경제적 지위가 상승될 가능성이 있다고 믿습니까?' 한마디로 사회계층 상승사다리가 있느냐고 물어본 것인데, '그래, 내가 열심히 하면 내 사회·경제적 지위가 상승될 가능성이 있다'라고 답한 비율은 놀랍게도 22.7%밖에 되지 않았다.

반면에 '없다, 내가 아무리 열심히 한들 그럴 가능성이 없다'라고 대답한 사람은 64.9%로 나왔다. 또한 자식세대의 계층이동 상승 가능성에 대해선 『높다』가 28.9%, 『낮다』가 55.0%였다. 계승 상승 가능성에 대해 『높다』고 생각하는 비율은 2009년 이후 10년째 계속 감소 추세였다.

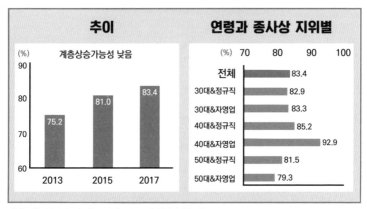

계층상승 가능성

추이

계층상승가능성 낮음 (%)

2013	2015	2017
75.2	81.0	83.4

연령과 종사상 지위별

(%) 70 80 90 100

전체	83.4
30대&정규직	82.9
30대&자영업	83.3
40대&정규직	85.2
40대&자영업	92.9
50대&정규직	81.5
50대&자영업	79.3

*출처: 계층상승사다리에 대한 국민인식 설문조사, 현대경제연구원

2017년 현대경제연구원의 조사 결과를 보면 계층 이동이 불가능하다고 답한 이의 비율이 83.4%까지도 나왔다. 특히 40대 자영업자는 92.9%가 계층상승 가능성에 대해 부정적이었다.

이처럼 대한민국 국민의 60% 이상이 내가 아무리 열심히 살아도 나의 사회·경제적 신분이 상승될 가능성이 없다고 보는 이 현실을 우리는 어떻게 해석해야 할까?

더욱 우려스러운 것은 자식세대의 계층이동 상승 가능성에 대한 기대도 매우 낮다는 것이다. 조사에서 보듯 계층이동 가능성에 대한 인식은 매년 감소 추세에 있다.

총 GDP 세계 12위권을 자랑한다는 대한민국, 1인당 GNI 3만 달러를 돌파했다고 자랑하는 대한민국에서 이런 조사 결과가 나온 이유는 대체 무엇일까? 어떻게 국민 10명 중 6명 이상이나 되는 사람이 내가 아무리 열심히 살아도 나의 사회적·경제적 신분이 상승될 가능성이 없다고 답할 수 있을까?

그동안 우리를 지배했던 정신은 하나였다. 그것은 '우리도 노력하면 잘 살 수 있다'라는 것이었고, '지금 비록 우리가 힘들더라도 참고 견디면 우리 후세들은 잘 살 것이다'라는 것이었다. 그런 마음으로 일했고 살아왔다. 그것이 바로 오늘날 우리가 일구어낸 성과의 원동력이었다는 것을 그 누구도 부인하지 못할 것이다.

그러했던 우리의 의식이 왜 이렇게 허물어졌을까? 우리 사회는 왜 내일의 희망을 접고 그저 오늘에 기대어 사는 절망의 구조 속으로 떠밀렸을까?

연애와 결혼과 출산을 포기하는 3포 세대, 여기에 더해 취업과 집을 포기하는 5포 세대, 거기에다 희망과 관계를 포기하는 7포 세대, 건강과 외모마저 포기하는 9포 세대, 세상의 모든 것을 포기하는 N포 세대가 늘어나고 있다.

그것으로도 모자라 이번 생애는 망했다는 이생망, 지하와 옥탑방과 고시촌을 일컫는 지옥고, 헬조선, 흙수저와 같은 절망 신조어가 사회 전반에 퍼져 있다. 이것은 극도의 절망 상태에 빠진 사회의 단면을 보여 주는 것이며, 이를 방관하고 방치한다면, 우리 사회 전체를 뒤흔드는 큰 위기로 다가올 것은 명약관화한 사실이다.

최근 들어 소득 양극화가 개선됐다고 하지만, 여전히 취약 계층의 소득감소는 변함이 없다. 이러한 소득 감소는 가난한 이들을 더 구석으로 내몰고 삶의 의욕을 꺾는 원인이 되고 있다. 생활고를 비관해 자살한 송파 세 모녀 사건을 기억할 것이다.

몇 년 사이 죽음을 눈앞에 둔 노인의 자살률은 또 어떠한가! 우리나라가 노인 자살율 세계 1위라는 어처구니 없는 현실 역시 우리 사회가 당면한 자화상이다.

위기 앞에 취약한 국민의 보호막이 되어 주는 것이 국가의 책무이다. 국민의 생존권을 보장하고 빈곤층으로의 추락을 막기 위해서는 생애 주기별로 닥치는 어려움을 미연에 방지하는 사회 제도적 안전장치를 국가가 먼저 제공해야 하며, 소득과 일자리를 늘리는 정책들이 반드시 마련되어야 한다.

사회 양극화의 기준에서 국민의 행복지수를 올리기 위해서 제일 먼저 선결되어야 하는 것 중 하나가 바로 저소득층을 위한 일자리 창출이다. 그런 점에서 국민의 기본소득 개념도 우리나라 상황에 맞게 개선되어야 한다.

우리 사회에는 이미 아동양육수당, 한부모수당, 취업성공패키지, 실업급여, 기초생활보장제, 국민연금, 기초노령연금, 서민지원금융 등 여러 복지 제도가 도입되어 있다. 그러나 주먹구구식으로 급히 만들어지다 보니 빈틈이 많다. 그런 의미에서 좀 더 현실에 맞게 창의적으로 응용하여 생애 주기별로 촘촘하게 적용할 수 있는 한국형 기본소득제도가 필요하다. 한국형 기본소득제도야말로 꺼져가는 민생경제를 다시 일으켜 세우는 역할을 충분히 할 것이다.

충청남도는 2019년 중소기업·소상공인(자영업자)에 대한 금융 지원 확대를 통한 경영 안정을 돕기 위해 주요 은행 및 충청영업 그룹, 충남신용보증재단과 손잡고 '충남도 3대 위기 극복을 위한 중소기업·소상공인 금융 지원 업무협약'을 체결했다. 중소기업과 소상공인의 경영난이 심화되고 있는 가운데 체결한 이번 협약은 저출산과 고령화, 양극화 등 3대 위기 극복을 위해 행정과 공공, 민간기관이 힘을 모았다는 점에서 의미가 큰 시도였다.

조금씩 개선되고 있다는 점에서는 긍정적이나, 아직도 실상을 들여다보면 여전히 소득, 일자리, 주거, 교육, 문화, 건강 등에서 양극화가 점점 가속화되어가고 있다. 격차사회, 절벽사회, 이분법사회, 다중격차사회 등 달갑지 않은 말들이 우리를 괴롭히지만 피할 수 없는 이 시대의 화두다.

경제민주화를 넘어 포용적 성장국가라는 새로운 패러다임이 국가적 구호로 등장한 이 시대에 우리는 어떤 방법으로 사회 양극화 문제를 해결할 수 있을까?

여기서 포용적 성장국가에 대한 설명을 잠깐 하면, 4차 산업혁명이라는 불확실성의 시대를 맞아 혁신으로 함께 성장하고 포용으로 성장의 열매를 나누자는 취지이다.

서로 상황과 처지가 다른 사람들이 조금씩 양보하고 배려하여 궁극적으로는 다 함께 행복하게 잘 살자는 것인데, 그러기 위해서는 우리 사회 이면에 작동하는 양극화적인 불평등 매커니즘을 분석하고 그에 대한 대응 방안을 모색하는 것이 먼저 이루어져야 한다.

나라를 포기하고 삶을 포기하는 한국인   ‖‖‖‖‖‖‖‖‖

① "기회가 되면 이민가고 싶다", 70.8%

소득·자산의 양극화는 사회 상층과 하층의 삶(양육-교육-일자리-혼인-주거)의 양극화로 확산된다. 표면적으로 드러난 일자리, 금융부채, 사회문화 등에 대한 대응도 중요하지만 보다 근원적으로 청년문제를 양산하는 사회 양극화에 대한 관심이 필요하다. 그리고 지금 시기에 해당하는 문제뿐만 아니라 후세대들이 향후 30년, 100년 넘게 겪게 될 위기에 대한 인식도 중요하다.

취업 전문 사이트 '잡코리아'와 아르바이트 사이트 '알바몬'이 2017년 성인 4,802명을 대상으로 이민 의향 조사를 했었다. 이때 조사대상의 70.8%가 '기회가 된다면 이민 의향이 있다'고 답했고, 한 국내 방송사에서 조사 발표한 자료에서도 20~30대가 이민 가겠다고 답한 비율이 무려 88%나 나왔다.

그렇다면 국적 포기자는 얼마나 될까? 법무부에서 발행한 출입국·외국인정책본부통계연보에 따르면 2018년 기준 인구 10만 명당 국적 포기율은 64.8명이고, 최근 5년 평균 국적 포기자는 연간 2만 5천 명에 이른다. (여기서 국적 포기자는 국적 이탈자와 국적 상실자를 합한 숫자이다.) 2018년 한해만도 3만 3,594명이 국적을 포기했다. 더 큰 문제는 이러한 현상은 지금도 진행 중이며, 앞으로도 그 추세가 늘어날 개연성이 충분하다는 데 있다.

2019년 9월 어느 일간신문에 이민과 관련한 한 기사가 실렸다. 기사 제목은 "미래 불안해 한국 떠난다"였다. 기사는 투자이민에 대한 설명회가 열렸는데, 전국 각지에서 많은 사람들이 모여 투자이민의 요건, 절차 등의 설명에 귀를 기울였다는 내용이었다. 그러면서 그 원인은 무엇이고 대상 국가는 어디이며 무엇을 목적으로 하고 있는지를 자세히 설명하고 있었다. 여기서 우리가 주목해야 할 것은 이민의 원인이 "미래가 불안해서"라는 데 있다. 미래가 불안하니 이 땅을 떠난다는 것이다. 그러면 무엇이 그들로 하여금 그토록 불안에 떨게 하는 것일까? 정든 집과 일가친척과 이웃을 떠나 낯선 땅으로 가도록 등을 떠미는 불안감은 무엇일까?

이유는 여러 가지겠지만, 정치 경제적 불안감이 공통적인 이유였다. 장기화될 것 같은 경기 불황에 더 이상 희망이 없다고 보거나 '난 괜찮지만 자식의 미래가 걱정된다'든지, 사회 양극화의 절망적 구조를 이유로 이민을 진지하게 고민한다는 것이다.

더욱 우려스러운 것은 이러한 상황이 일시적 현상이 아니라는 사실이다. 특히 이민을 가고 싶은 나라로 캐나다, 미국은 물론 포르투갈, 스페인 같은 유럽권 국가나 말레이시아 같은 동남아 국가까지 떠오르고 있다는 점이 새롭다.

이민을 가고자 하는 이들의 마음을 돌이키게 할 수는 없다. 하지만 이런 참담한 현실을 마주하며 왜 이 지경까지 이르게 되었는지를 스스로 묻고 경각심을 갖지 않으면 안 된다.

② 자살공화국 대한민국, 2018년 1만 3,670명 자살

자살률은 또 어떠한가? 2019년 9월 통계청이 발표한 '2018년 사망원인통계'에 의하면 우리나라는 2003년에서 2016년까지 14년 동안 OECD 36개 국가 중 자살률 1위를 차지하고 있다. 2017년 리투아니아의 가입으로 잠시 2위로 주춤했다가 다시 2018년 자살률 1위를 기록했다.

2018년만 해도 총 자살자는 1만 3,670명이고 10만 명당 자살률은 26.6명으로 나타나고 있다. 이는 매일 37.5명, 38.5분마다 1명꼴로 자살하는 셈이다. OECD는 나라별 연령구조의 영향을 제거한 연령표준화자살률을 통해 국제 비교를 하는데, 한국 연령표준화자살률은 2018년 24.7명으로 OECD 평균 11.5명(2016년)의 2배를 초과한다는 것이다. 또한 이와 같은 수치는 교통사고사망률(10.1명)의 2.4배에 해당한다. 특히 가슴 아픈 것은 자살이 10~30대 사망 원인의 1위라는 점이다.

국민의 70%가 이민 가고 싶은 나라, 내가 아무리 열심히 일해도 내 자식 세대 또한 사회적 경제적 신분이 상승될 가능성이 없다고 생각하는 국민이 55%인 나라, OECD 국가 중 자살률 1위인 나라는 과연 희망이 있는 것일까? 이러한 절망적인 상황에서 사회통합을 부르짖기만 하면 해결될까? 이런 불안한 사회에서 사회 구성원인 우리는 어떤 의식을 갖추고 행동해야 할까?

우선은 사회적 위기를 사회 구성원 모두가 인식하고 동의하는 데서 출발해야 한다. 그런 다음 정책이 세워지고, 그에 따라 재정을 투입하고 위기극복을 위한 법률과 제도를 정비하는 것이 진정한 사회적 통합을 이루고, 사회적 위기에서 벗어날 수 있는 해법이다.

그런 의미에서 우리는 사회 양극화, 저출산, 고령화라는 국가의 운명과 직결된 중차대한 과제에 관심을 가져야 한다. 정부 역시 청년과 신혼부부 주거 지원 강화, 청년 채용기업 인센티브 제공, 국공립 어린이집 확대 등의 노력과 대책을 이어나가야 한다. 또한 고령사회에 대비한 노인 일자리 확대, 건강보험 보장성 강화, 고령자 복지주택 지원 마련 등도 필요하다. 이제 보편적 복지 지출 정책에서 벗어나 균형 잡힌 복지와 생산적 일자리 창출을 위한 노력이 절실한 때이다.

역대 최악의 소득 격차 ||||||||||||||||||||||||||||

사회 불평등을 결정하는 요인은 다차원적이고 복합적이다. 그러나 개인이나 국가의 경제적 불평등을 이해하기 위한 일차적인 기준은 단연 소득이다.

현재 한국의 소득 양극화 수준은 경제협력개발기구OECD 회원국 36개국 중 30위로 최하위권이다. 이는 2018년 가계금융·복지조사 비율(소득상위 10% 인구의 소득점유율을 하위 40% 인구의 소득점유율로 나눈 값) 기준에 따른 것으로, 우리나라의 소득 양극화 현실을 그대로 보여 주고 있다. 소득 양극화의 파급력은 다차원적인 불평등으로 변해 다중격차사회를 낳고 있다. 또한 다양한 소득분배 개선에도 불구하고 취약계층의 소득감소는 계속되고 있다.

세계불평등데이터베이스World Inequality Database는 《21세기 자본》의 저자 토마 피케티Thomas Piketty 프랑스 파리경제대 교수를 비롯한 세계 경제학자 100여 명이 50여 개국의 소득집중도 관련 지표를 공개하는 사이트이다.

이 세계불평등데이터베이스에 의하면 2016년 기준 한국 상위 1% 소득집중도는 12.2%에 달하고, 상위 10%는 43.3%에 달하는 것으로 나타났다.

상위1% 소득집중도 12.2%는 미국(20.2%, 2014년), 중국(13.9%, 2015년), 영국(13.88%, 2014년), 독일(13.2%, 2013년)보다 낮은 수준이지만 프랑스(10.8%, 2014년), 일본(10.4%, 2010년), 스웨덴(8.7%, 2013년)보다는 높은 편이다. 문제는 상위10% 소득집중도 43.3%다. 한국은 미국(47%, 2014년)을 제외한 주요 선진국인 일본(41.6%, 2016년), 중국(41.4%, 2015년), 독일(40.3%, 2013년), 프랑스(32.6%, 2014년)보다 높다.

김낙년 동국대 교수는 2018년 11월 한겨레신문에서 "한국의 소득 상위 10%의 소득집중도가 상대적으로 높은 것은 정규직과 비정규직 등 임금노동자 간 양극화가 크기 때문"이라고 분석하고 있다.

10분위별 가구당 월평균 소득

(단위: 천 원)

소득구간	2019 1/4 분기	2019 2/4 분기	2019 3/4 분기	비고
하위 10%	804	864	901	충남인구의 2배
하위 20%	1,255	1,325	1,374	
상위 20%	9,925	9,426	9,800	
상위 10%	11,986	11,348	11,829	

*출처: 통계청

통계청은 매 분기마다 가계동향조사(소득부문) 통계를 발표한다. 2019년 각 분기를 자료를 종합하여 살펴보면, 상위 20% 월 소득과 하위 20%의 월 소득이 엄청나게 차이난다. 상위 20%가 대략 900만~1,000만 원인 반면, 하위 20%는 120만~130만 원으로 나타나는 것이다. 이렇듯 가구소득이 130만 원 이하 되는 사람이 20%라는 것은 우리나라 인구 1천만 명이 그렇다는 이야기가 된다. 다시 이야기하면 1인당 GNI가 3만 달러를 돌파한 지금, 가구 소득이 120, 130만 수준이라는 이야기다.

이 정도의 소득 수준이면 참 살기가 팍팍하다. 앞날이 캄캄하고, 살 방도가 막막하다. 그렇다면 하위 10%는 어떨까? 하위 10% 3분기 통계를 보면 90만 1천 원이다. 우리나라 인구가 5천만을 넘으니 이 돈으로 한 달을 살아가는 사람이 대략 500만 명이나 된다는 계산이 나온다. 이 500만 명에서 기초생활수급자로 선정된 사람이 대략 150만 명이다. 이 150만 명은 그나마 기초생활수급자로 생계 급여와 의료 급여를 받기 때문에 기본 생활이 가능할 수 있다. 문제는 기초생활수급자에 해당되지 않는 350만 명이다.

국회 2019년 국감 자료에 의하면 2017년 기준, 상위 0.1% 근로소득자 1만8천 명의 소득은 총 14조 5,609억 원으로 전체 근로소득의 2.3%를 차지하는 것으로 나타나고 있다. 이는 하위 17% 324만 명의 전체 근로소득 15조 4,924억 원과 맞먹는 수준이다. 또한 상위 0.1% 근로소득자의 연평균 소득은 8억 871만원으로 소득이 딱 중간인 50% 구간(중위소득) 근로소득자의 연평균 소득 2,572만원의 31.4배에 이르렀다.

구분	인원	근로소득금액 (구성비율)	연평균 소득
전체합계	1,800만 5,534명	633조 6,114억 원 (100%)	3,519만 원
상위 0.1%	1만 8,005명	14조 5,609억 원 (2.3%)	8억 871만 원
상위 1%	18만 55명	47조 5,652억 원 (7.5%)	2억 6,417만 원
상위 10%	180만 553명	202조 9,708억 원 (32.0%)	7,557만 원

보다 세분화하여 월평균 근로소득을 산정해 보면 상위 0.1% 의 경우 월 6,739만 원을, 중위 소득자의 경우 월 214만 원에 해당하는 소득이다. 이와 같은 수치는 월급쟁이들의 소득도 명확하게 양극화되어 있음을 반증한다. 통계에 안 잡히는 일용직과 아르바이트 등까지 포함하면 실제 근로소득 양극화는 더 심각한 수준일 수 있다.

노동의 정당한 대가로 받는 근로소득은 자산소득에 비해 공평하다는 것이 기본적인 인식이다. 하지만 이 정도로 근로소득의 격차가 극명하게 갈리면 사회적 갈등과 악순환이 증대될 수밖에 없다. 극소수에 대한 임금 쏠림 현상은 사회통합 및 직업 다양성 존중의 측면에서 부정적 결과로 이어지고, 이는 필연적으로 과도한 입시 경쟁, 교육 제도의 왜곡으로 파급될 우려가 있다. 이를 막기 위해서는 소득세율 최고구간을 좀 더 세분화하고, 현행 38%인 최고세율을 높여 더욱 공정한 소득재분배를 추진해야 한다.

미국의 소득세 최고세율은 2차 세계대전 중이던 1944~45년에 94%까지 치솟았다. 같은 기간에 영국의 소득세 최고세율은 99.25%였다. 전쟁이 끝난 뒤에도 미국의 최고세율은 크게 내리지 않아 1970년대에도 70% 정도의 높은 세율을 유지했다. 《21세기 자본》의 저자 토마스 피케티는 20세기 중반기에 세계적으로 소득불평등이 줄어든 데는 이러한 소득·상속세 변화 등 정치구조적 변화가 그 한복판에 있었다고 강조한다.

이런 높은 소득세 누진세율에도 불구하고 미국 자본주의는 붕괴하기는커녕 2차 대전 이후 1980년대까지 매우 높은 생산성 증가율을 기록한 점에 주목했다. 그는 이러한 역사적 경험이 강력한 소득재분배 정책을 통해 불평등 격차를 완화하면서도 생산성의 향상을 가져온다고 주장하고 있다. 성장의 결실을 중산층과 저소득층에 이전해 다시 내수 경제 활성화로 이어지도록 해야 한다는 것이다.

당연한 이야기겠지만, 소득의 격차는 지출의 격차로 연결된다. 통계청이 2019년 4월에 발표한 '2018년 가계동향 조사(지출 부문)' 결과를 보면 가구당 월평균 소비지출은 253만 8천 원으로 나온다.

2017년 경상소득 기준 가구소득 규모별 월평균 지출액을 보면 전체 가구의 16.6%를 차지하는 최하위가구가 월 소득 100만 원 미만 가구이다. 이들 가구가 109만 7,000원을 지출하는 것으로 나타났다. 이는 지난해 번 돈보다 쓴 돈이 더 많았다는 이야기다. 그러면 한 달마다 매월 9만 원 마이너스인 셈이다. 그렇게 1달, 1년 가면 어떤 뾰족한 수가 있을까? 그분들한테 희망을 갖고 미래를 잘 준비해라? 사치스러운 얘기일 뿐이다.

이렇듯 소득 불평등의 격차가 심해지고 소득 수준이 낮은 계층이 점점 늘어나면 거시·미시 경제적 측면에서 성장의 낙수

효과를 제한하고, 효율성을 떨어뜨린다. 또한 인적 자원 배분의 왜곡과 세대 간 불평등을 초래하고, 사회 응집력을 약화시켜 사회적 긴장과 정치적 대립을 유발한다.

소득 불평등의 악순환이 반복되면서도 그에 대한 마땅한 해결책이 없는 상황에서 일반 국민들은 점점 더 심해지는 사회 불평등과 경제적 압박에 시달리고 있다. 젊은이들은 더하다. 그 어려운 입시 지옥을 치르고 대학에 입학해도 또 다른 취업 관문이 기다리고 있다. 집값은 천정부지로 치솟고, 내 몸 하나 누울 공간이 없는 현실이 얼마나 가슴 답답하고 절망적인가! 우리는 지금 정상적인 사회에서 살고 있는 것이 아니다.

자산 집중도에 따른 불평등 ||||||||||||||||||||||||

① 하위 50% 국민이 가진 자산, 불과 2%

그렇다면 자산 집중도는 어떨까? '자산'은 실직이나 질병 등으로 가족 해체와 같은 예상치 못한 일이 닥쳤을 때 자산 유동화 위기에 대처하고, 향후 소비 흐름을 안정적으로 유지하는 기능을 한다는 점에서 불평등을 분석하는 주요 변수로 실효성이 있다. 또한 소득과 달리 자산은 당해 연도 소득에서 소비를 뺀 금액이 계속 쌓이는 개념이기 때문에 누적된 불평등 분석이 가능하다. 이러한 자산집중도의 불평등과 양극화는 우리 사회의 단면을 그대로 보여 준다.

지니계수는 소득의 불평등 정도를 나타내는 가장 대표적인 소득분배지표다. 지니계수는 0에서 1 사이의 수치로 표시되는데 소득분배가 완전 평등한 경우가 0, 완전 불평등한 경우가 1이다. 한국보건사회연구원 남상호 연구위원의 '우리나라 가계소득 및 자산 분포의 특징' 보고서를 보면 우리나라 가계단위의 가처분소득 지니계수는 0.4259인 데 반해 순자산 지니계수는 0.6014로 자산불평등이 소득불평등보다 더 심각함을 알 수 있다.

또한 2015년 동국대 김낙년 교수가 국세청의 2000~2013년 상속세 자료를 토대로 자산 불평등을 분석한 결과 2010~2013년 평균 상위 1%가 전체 자산의 25.9%를 차지하고 있음을 알 수 있었다. 또한 상위 10%가 전체 자산의 66%를 소유하고 있으며, 하위 50% 자산은 2%에 불과한 것으로 나타났다. 이는 상위 50%가 자산의 98% 전후를 차지한다는 뜻이다.

또한 2015년 한국보건사회연구원의 연구결과를 보면, 소득 하위 20%가 전체 순자산의 0.6%만을 차지하고 소득 상위 20%가 전체 순자산의 61.5%를 차지함으로써 102.5배 차이가 발생하고, 상위 10%가 전체 40% 이상의 자산을 보유하고 있음을 알 수 있다.

② 상위 1%가 배당소득의 69%, 이자소득의 45.9% 차지

배당소득의 경우, 국회 기재위 더불어민주당 심기준 의원의 2019년 국감자료에 의하면 2017년 배당소득 신고인원은 931만 3,308명이다. 이중 상위 1%에 해당하는 9만 3,133명이 전체 배당소득 19조 5,608억 원의 69%에 해당하는 13조 5,065억 원을 차지하는 것으로 나타났다.

구분	인원	배당소득
총계	931만 3,308명	19조 5,608억
상위 1%	9만 3,133명	13조 5,065억(69.0%)
상위 10%	93만 1,330명	18조 3,740억(93.9%)
10분위 배율	19만 6,083배 (상위10%/하위10%)	
5분위 배율	3만 5,789배 (상위20%/하위20%)	

이자소득의 경우에는 상위 1% 52만 4,353명이 전체 13조 8,343억의 45.9%에 달하는 6조 3,555억 원을 차지하는 것으로 나타났다.

구분	인원	이자소득
총계	5,244만명	13조 8,343억
상위 1%	52만 4,353명	6조 3,555억(45.9%)
상위 10%	524만 3,532명	12조 5,654억(90.8%)
10분위 배율	8만 7,396배	
5분위 배율	1만 1,380배	

이를 1인당 평균 소득으로 계산할 경우 상위 1%의 배당 소득은 1억 4,500만 원이며 이자소득은 1,212만 원이다. 이 소득이 어느 정도인지 실감 나지 않을 수 있는데 배당 소득은 26억 5,200만 원어치에 달하는 삼성화재 주식 1만 2천주를 보유했을 때, 이자소득은 1.25%대 정기예금에 10억 원을 예치할 경우 받을 수 있는 금액이다.

정말 안타까운 일이지만, 이를 통해 우리는 최상위층이 배당소득과 이자소득 등 대부분의 소득을 점유하고 있음을 알 수 있다. 우리 사회는 노동 소득 격차가 큰 상태에서 자본 소득의 쏠림 현상까지 가중돼 불평등이 극에 달해 있는 상태이다.

③ 다주택자 상위 1%, 1인당 주택 7채 소유

어디 그뿐인가? 다주택자의 주택 쏠림 현상은 더욱 심각한 양상을 보여 준다. 2019년 9월, 경제정의실천시민연합과 정동영 의원이 발표한 '상위 1% 다주택자 주택 소유 현황' 보고서에 따르면 주택 보유량 '상위 1%'가 소유한 주택이 10년 만에 3.5채에서 2배인 7채로 증가한 것으로 나타났다. 서민의 자산 중 가장 큰 비중을 차지하는 주택도 다주택자의 주택 쏠림 현상이 심각한 것이다.

지난 10년간(2008-2018) 증가한 주택은 489만 호다. 이중 248만 호(50.7%)는 다주택자가 사재기한 것이다. 이는 주택 30만 채 규모인 3기 신도시(하남 교산, 고양 창릉, 인천 계양 등)의 8배 규모에 해당한다.

다주택자 중에서도 상위 1%는 54만 3천 호를 사재기했는데,

이들은 1인당 평균 7채를 보유하고 있었다. 상위 10%는 207만 9천 호를 사재기했고 1인당 평균 3.5채를 보유한 것으로 나타났다. 상위 1%가 소유한 집값은 1인당 36억, 상위 10%는 1인당 15억이었다.

종합해 보면 다주택자들의 자산 가치는 크게 늘어난 반면 무주택자들은 내 집 마련의 기회를 박탈당했다. 또한 집값 상승을 뒤따라간 전·월세 가격 부담으로 빚에 시달리면서 자산 격차가 더욱 심화되고 말았다.

실제 서민들의 내 집 마련은 점점 어려워지고 있다. 국토 연구원의 '2018 주거실태조사 보고서(2019.6.)'에 따르면 2018년 생애 최초 주택마련 가구주 연령은 43.4세였다. 특히 소득 하위(가구소득 1~4분위) 가구는 56.7세에 처음으로 내 집을 마련하고 있었다. 이는 상위(9~10분위) 가구가 39.6세인 것을 보면 둘 사이에 20년 가까운 인생 시차가 발생하고 있음을 알 수 있다.

특히 소득하위계층의 경우, 젊음을 다 소비한 56.7세에 처음 집을 마련하는 것이니 일생을 집 하나 장만하는 데 소비하는 것과 다를 바 없다. 이것이 첨예한 양극화의 그늘이다.

구분		2008년	2018년	증가
주택 소유자 수		1,058만 명	1,299만 명	241만 명
주택 수	전체	1,510만 호	1,999만 호	489만 호
	1인당	1.4채	1.5채	0.1채
	다주택자 보유	452만 호	700만 호	248만 호

구분		2008년	2018년	증가
상위 1%	보유자 수	105,800명	129,900명	24,100명
	보유 주택	367,000호	909,700호	542,700호
	1인당	3.5채	7.0채	3.5채
상위 10%	보유자 수	105만 8,000명	129만 9,000명	24만 1,800명
	보유 주택	242만 8,700호	450만 8,000호	207만 9,300호
	1인당	2.3채	3.5채	1.2채

구분		2008년	2018년	증가
전체	인원수	1,058만 명	1,299만 명	241만 명
	공시가액 총액	1,611조 원	3,312조 원	1,700조 원
	시세 총액	2,020조 원	6,022조 원	3,091조 원
	1인당 (시세 기준)	2.8억 원	4.6억 원	1.8억 원
상위 1%	인원수	105,800명	129,900명	24,000명
	공시가액 총액	142.7조 원	255.3조 원	112.6조 원
	시세 총액	259.5조 원	464.2조 원	204.7조 원
	1인당 (시세 기준)	24.5억 원	35.7억 원	11.2억 원
상위 10%	인원수	105만 8,000명	129만 9,000명	24만 1,000명
	공시가액 총액	659.6조 원	1,191.1조 원	531.5조 원
	시세 총액	1,199.3조 원	2,156.6조 원	966.4조 원
	1인당 (시세 기준)	10.2억 원	15억 원	4.8억 원

*출처: 상위 1% 다주택자 주택 소유 현황 보고서, 경제정의실천시민연합·정동영 의원, 2019. 09

④ 부와 계급의 대물림에 의한 양극화 세습

부와 계급의 대물림에 의한 양극화 세습은 더욱 극명한 모습을 보인다. 국회 기재위 민주당 심기준 의원의 2019년 국감자료에 의하면 2017년 기준, 종합부동산세를 내는 '금수저' 미성년자 66명 중 35명이 강남 4구(서초·강남·송파·강동)에 공시가격 10억 원 대의 주택을 보유하고 있는 것으로 나타났다. 이는 앞서 말한 소득 하위(가구소득 1~4분위) 가구가 56.7세에 처음으로 내 집을 마련하는 것과 비교할 때 우스운 일이 되고 만다.

문제는 시간이 지날수록 더 심각한 양극화 현상을 보인다는 것이다. 최근 5년 사이 종부세 납부 미성년자는 2013년 25명에서 2017년 66명으로 2.6배나 증가했다. 종합 부동산세가 주택 공시가격 6억 원 초과 시 과세되는 세금임을 감안하면 주택 가격이 높은 강남 4구 미성년자의 주택 보유는 사실상 증여나 상속을 통한 세습자본주의의 전형이라 할 수 있다. 부모의 경제적 능력에 따라 개인의 사회적 계급이 결정되는 현실 속에서 상속에 의한 부의 대물림이 부의 집중뿐 아니라 계층 이동 가능성을 완전히 차단해 사회의 역동성을 저해하는 요인이 됨을 우리는 심각하게 받아들여야 한다.

저임금, 비정규직 그리고 임금격차 ⅠⅠⅠⅠⅠⅠⅠⅠⅠⅠⅠⅠⅠⅠ

오늘은 뭔가 어렵지만, 내일은 오늘보다 나아질 거라는 확신이 생길 때 희망은 우리 마음에 생긴다. 희망이 꺾이면 그 나라 동력이 약화되고 상실된다. 10%, 20%만 희망을 갖는 게 아니라 우리 국민 모두가 희망을 가질 때 그 사회에 미래가 있다.

통계청의 2019년 사회조사 결과, 우리나라 취업자 중 평소 가까운 미래에 직장(직업)을 잃거나 바꾸어야 한다는 불안함을 느끼고 있는 사람은 10명 중 6명(59.1%)이나 되었다. 왜 그럴까? 바로 저임금과 비정규직 때문이다.

① 생계유지도 힘든 저임금

우리나라 대한민국 1인당 GNI는 GDP에 비추어볼 때 전혀 걸맞지 않는 임금체계를 갖고 있다. 통계청의 '2019년 상반기 지역별고용조사 취업자의 산업 및 직업별 특성('19.10.)'에서 임금수준별 임금근로자 비중을 보면, 전체 임금근로자 2,030만 1천 명 중 200만 원 미만 근로자가 34%, 690만 2천 명으로 상당수를 차지하고 있다.

중위임금의 3분의 2 미만을 임금으로 받는 노동자인 저임금 노동자도 2018년 현재 OECD 평균은 15.4%(2017년 기준)보다 높은 19.0%에 육박한다.

200만 원 이하의 저임금으로 사는 국민이 3명 중 1명이니 내수가 살지 못하고 국민 개개인의 삶이 밑바닥에 머물러 있는 것이다. 국가 전체가 이 문제를 해결하지 않으면 대한민국의 미래와 희망은 없다고 단언할 수 있다.

② 희망을 찾을 수 없는 비정규직 - 임금격차, 사회보험가입률

비정규직으로 인한 사회 양극화 현상도 무시 못할 일이다. 2016년 5월 구의역 스크린도어 사건을 기억할 것이다. 한 젊은이의 희생은 정말 가슴 아픈 일이었다. 더군다나 그 청년이 받은 월급은 고작 144만 원이었다. 우리를 더 슬프게 한 것은 그 청년의 가방에서 나온 컵라면이었다. 그 청년은 컵라면을 좋아해서 가방에 넣고 다녔을까? 아마도 월급 144만 원으로 매번 식당에서 밥을 사 먹기가 힘들었을 것이다.

144만 원의 월급으로 한 달을 산다고 했을 때, 40~50만 원 월세를 내고, 통신비와 교통비로 약 15만 원만 제해도 벌써 65만 원이다. 그러니 삼시세끼 제대로 챙겨먹는 건 불가능하다.

정부의 생명·안전 분야 비정규직의 정규직 전환 방침에도 불구하고 실제로 비정규직에서 정규직으로 전환되는 경우는 미미하다. 통계청이 발표한 2019년 8월 경제활동인구조사 근로형태별 부가조사 결과를 보면, 비정규직 규모가 748만 1천 명으로, 전체 임금근로자 2,055만 9천 명의 36.4%에 해당한다. 이는 2013년 조사 이래 7년 만에 최고 수준이다. 국제적으로도 한국의 비정규직temporary workers은 국제기준의 2배에 달한다.

주요국 Temporary Workers 비중

(단위: %)

	2015	2016	2017	2018
G7	9.0	8.9	9.0	9.0
EU 28개국	14.2	14.2	14.3	14.2
OECD	11.8	11.8	11.8	11.7
한 국	22.2	21.9	20.6	21.2

출처: OECD StatExtracts

임금근로자의 근로형태별 규모

(단위: 천 명, %)

	2016. 8	2017. 8	2018. 8	2019. 8
임금근로자	19,743	20,006	20,045	20,559
정 규 직	13,262	13,428	13,431	13,078
비정규직	6,481	6,578	6,614	7,481
비정규직 구성비	32.8%	32.9%	33.0%	36.4%

비정규직은 고졸(327만 명, 43.7%)이 가장 많으며, 고졸 이하는 493만 7천 명(66%)으로 비정규직 3명 중 2명은 고졸 이하였다. 교육의 양극화가 인생의 양극화로 이어지고 있었다.

비정규직	인원	구성비(%)
전 체	748만 1천 명	100.0
중졸이하	166만 7천 명	22.3
고 졸	327만 명	43.7
대졸이상	254만 5천 명	34.0

평균 근속기간은 정규직-비정규직 간 3배, 5년 5개월 차이가 났다. 정규직이 7년 10개월(94개월) 일할 때, 비정규직은 2년 5개월(29개월)의 짧은 기간 동안 자리를 지켰다.

고용복지인 사회보험 가입률과 근로복지 수혜율은 모두 정규직의 절반 이하였다.

고용형태별 근로실태조사

(단위: %)

가입률(%)	국민연금	건강보험	고용보험	산재보험
비정규직	37.9	48.0	44.9	96.7

수혜율(%)	퇴직 급여	상여금	시간외수당	유급휴일
비정규직	42.9	38.2	25.9	33.0

무엇보다 문제는 정규직 월평균 임금이 316만 5천 원일 때, 비정규직은 172만 9천 원으로 정규직-비정규직 월평균 임금 격차가 143만 6천 원이나 벌어졌다는 점이었다. 이는 2004년 관련 통계작성 이후 역대 최대 격차였다. 비정규직의 임금 수준은 정규직의 약 55%로 비정규직은 무엇이든 정규직의 절반 이하의 삶을 살고 있었다.

월평균 임금 격차

(단위: 천 원)

2010	2013	2015	2016	2018	2019
1,034	1,117	1,229	1,301	1,365	1,436

고용노동부의 '2018 고용형태별 근로실태조사 결과'에 따르면 300인 이상 사업체의 정규직 근로자의 시간당 임금 총액을 100으로 볼 때, 300인 미만 사업체의 비정규직 근로자는 41.8% 수준에 머물고 있다.

월평균 임금이 172만 9천 원인데다가, 질병이나 부상시 필요한 의료서비스를 받을 수 있는 건강보험 가입률이 48%, 최소한의 노후 안전망인 국민연금 가입률이 37.9%, 직장을 잃게 된 경우 구직활동 및 재교육을 지원하는 고용보험 가입률이 44.9%인 이들, 비정규직들이 어떠한 희망을 품고 미래를 설계할 수 있을까.

정규직·비정규직 규모별 시간당 임금총액 수준

(단위: %, 원)

구 분		2014	2015	2016	2017	2018	
						수준	임금
300인 이상	정규	100	100	100	100	100.0	33,232
	비정규	64.2	65.0	62.7	65.1	63.2	20,990
300인 미만	정규	52.3	49.7	52.7	54.3	56.8	18,873
	비정규	34.6	35.0	37.4	40.3	41.8	13,893

③ 호봉승급도 없는 중간지원조직 종사자들

- 1년차도 15년차도 똑같은 임금

이 문제의 실마리를 찾기 위해 2018년 7월 나는 충청남도 지사 부임 직후 충남여성복지시설 협의회 대표를 만났다. 복지시설 협의회에 속한 성폭력, 가정폭력, 성매매 상담소들의 가장 열악한 문제는 역시 호봉승급이었다.

여성복지시설협의회 기관들은 여성가족부 소속으로 보건복지부에서 제시하는 사회복지 종사자 가이드라인을 적용받지 못하고 있었다. 게다가 같은 여성가족부 소속 기관들(건강센터, 다문화센터)도 인건비를 차등 적용받고 있었다. 물론 도에서 처우 개선비를 지원하고 있었지만 그것은 근본적 해결책이 아니었다. 임시방편에 지나지 않았다.

그날 나와 마주 앉은 15년차 센터장이 180만 원을 받고 있었다. 4대 보험료 떼고 세금 떼면 162만 5천 원이었다. 생활 임금 이하의 적은 월급인데다 호봉승급이 없어 15년 근무를 하나, 1년을 근무하나 연봉에 전혀 차이가 없었다.

여성의 권익보호를 위해선 숙련된 전문가가 오래도록 업무를 지속해야 하는데 도저히 버틸 수 없는 구조였다. 조사 결과 3년차 이내에 직원들 48.6%가 이직을 하고 있었다. 미래가 보이지 않았기 때문이다. 이렇게 죽 가다보니 중간 관리자가 실종되어 제대로 된 여성권익보호 서비스가 어려운 실정이었다. 아무리 봉사정신과 사명감을 갖고 임하라고 해도 그건 말이 되지 않는 일이다.

호봉승급이 절대적으로 완벽한 제도는 아니다. 그러나 매해가 지날 때마다 쌓인 지식과 경험을 인정받지 못해 업무에 대한 열의와 재미, 흥미가 반감되고, 전문가들이 이탈되는 현 시스템은 문제가 많았다. 급여를 통해서 희망과 내일을 볼 수 없는 구조이기 때문이다. 당당한 하나의 직업인으로서의 삶의 터전을 만들기 위해 나는 전반적으로 구조를 바꾸기로 결단했다. 구조가 변화되지 않으면 희망이 없다.

2019년 현재, 여성권익 28개 시설 137명은 '도 자체 임금 가이드라인'을 적용받아 호봉제 적용을 받고 있다. 종사자 처우 개선을 위해 명절휴가비도 연 100% 추가 지급하고 있다. 2020년에는 아동복지 265개 시설 630명이 호봉제의 적용을 받는다.

복지시설과 중간지원조직들에 대한 처우 개선비도 지속적으로 확대하고 있다.

양극화의 기저에는 저임금이 있다. 고용노동부의 '2018 고용형태별 근로실태조사 결과(19'.4.)'를 보면 저임금근로자(중위임금의 2/3미만인 자) 비중은 18년 6월기준 19%이다. 중위임금이 268만 7천 원이니까 약 180만 원 이하를 받는 노동자가 대략 다섯 명 중 하나라는 것이다. 19%라는 숫자에 연결된 부모, 부부, 자식들의 삶을 생각할 때마다 나는 가슴이 먹먹하다.

여성복지시설의 호봉승급은 단돈 1, 2만 원의 문제가 아니다. 내일, 미래, 희망의 문제다. 호봉승급제 도입 이후 협의회장을 다시 만났다. 그는 "가슴이 뻥 뚫린 것 같다. 사실은 희망이 없어 지치고 포기한 상태였는데 이제 희망이 생겼다."고 말했다. 나도 그제야 마음 한 켠의 짐을 내려놓을 수 있었다.

범위를 충남에서 전국의 지자체로 확대해보면 여전히 생활임금 이하로 매년 똑같은 임금을 받는 시설들이 많을 것으로 생각한다. 지자체의 재정 여건과 한계상 쉽게 풀 수 있는 문제는 아니다. 하지만 우리의 미래가 달린 문제이기에 더 이상 외면할 수 없는 문제다. 비정규직의 정규직 전환 문제와 함께 일상화된 저임금 문제에 국가도 움직이길 바란다. 그리고 충남이 불씨가 되길 바란다.

④ 혼인율, 소득상위 10%는 82.5%, 소득하위 10%는 6.9%

그렇다면 정규직, 비정규직의 혼인율 격차는 어떨까? 안타까운 일이지만, 비정규직과 정규직의 차이는 생래적 욕구인 혼인율에까지 영향을 미치고 있었다. 2016년 한국노동사회연구소는 20-30대의 성별 취업 및 고용형태별 기혼자 비율을 조사했다. 조사 결과, 정규직 남성의 53.1%가 기혼자인 반면 비정규직 남성은 불과 28.9%만이 기혼자로서 비율 차이가 뚜렷하였다.

연구소는 또한 20~30대 임금노동자들의 임금수준별 기혼자 비율을 조사했다. 상위 10% 남성들 혼인비율을 보니 82.5% 정도가 결혼을 했다. 반면 하위 10%는 겨우 6.9%였다. 최고-최저 소득 집단의 혼인율 격차가 약 12배나 된다. 멀쩡한 대한민국 20~30대 남성들 가운데 소득상위 10% 10명 중 8명이 결혼을 선택할 때, 소득하위 10%는 결혼 비율이 1명에 채 이르지 못하고 있다. 이것은 결혼을 안 한 것이 아니라 못한 것이다.

나는 이것이야말로 사회구조의 범죄행위라고 생각한다. 이렇게 소득 양극화가 결혼 양극화를 가져오고 결혼 양극화가 출산 양극화로 파급되는 것이다.

⑤ 소득격차, 건강불평등으로 이어지다

소득계층 간 의료 서비스 이용률 격차도 살펴보자. 민주 평화당 김광수 의원이 건강보험공단에서 받은 국정감사 자료에 따르면 근 5년간 의료 서비스 이용에 있어 소득별 양극화가 심화한 것으로 나타났다. 계층 간 소득격차 심화로 교육과 노동 분야는 물론, 의료 분야에서까지 양극화 현상이 발생했다.

지난 2018년 의료기관에서 진료 받은 전체 인원은 8,548만 4,762명이었다. 이들 환자를 소득(재산)에 따라 매기는 건강 보험료로 나눠 보니 계층별 차이가 뚜렷했다. 건강 보험료 하위 20%는 2014년 1,108만 명에서 2018년 1,055만 명 으로 4.8% 감소한 반면, 건보료 상위 20%는 2014년 2,392만 명에서 2018년 2,909만 명으로 21.6% 증가했다. 양 집단 간 진료 인원 차이가 2014년 1,200만 명에서 2018년 1,800만 명으로 증가한 것이다.

병·의원, 약국 등 의료기관을 한 차례도 이용하지 않은 의료 미이용률의 격차도 뚜렷했다. 건보료 하위 20%(1분위)의 의료 미이용률은 2018년 8.0%(45만 1,000명)이었으나, 건보료 상위 20%(5분위)의 의료 미이용률은 2018년 4.6%(48만 9,000명)로 2배 가까이에 육박했다. 다음 표에서 알 수 있듯이 각급 병원의 진료인원 격차도 분명했다.

'14-'19 5년간 진료인원 증감	하위 20%	상위 20%
빅5 대형병원	13% 증가	26.1% 증가
상급종합병원	1.1% 증가	20.4% 증가
종합병원	2.0% 증가	28.2% 증가
병원급	4.7% 감소	23.4% 증가
의원급	8.0% 감소	19.2% 증가

이처럼 의료 분야에서도 양극화는 뚜렷하게 드러나고 있었다. 심화되는 양극화 현상을 해결하려면, 저소득층을 비롯한 의료취약계층의 의료 이용 접근성을 높이고 보장성을 강화하는 대책들을 마련해야 한다.

⑥ 활력을 잃고 몰락하는 사회의 전형 - 공시족 41만 명

이뿐만이 아니다. 비정규직의 문제는 일명 공시 열풍이라는 사회적 현상까지 불러오고 있다. 공시 열풍은 질 좋은 일자리가 절대적으로 부족하기 때문에 상대적으로 안정적인 공무원을 좇는 청년들이 증가한 데 그 원인이 있다.

한국직업능력개발원이 발표한 '청년층의 취업 관련 시험 준비 실태' 보고서에 의하면 2018년 현재, 취업시험을 준비하는 청년(만 15~29세) 105만 7,000명 중 38.8%인 41만 명이 공시족으로 1위를 차지했다. 이러한 숫자는 2012년 29만 명 (30.8%)에서 2018년 41만 명(38.8%)으로 연평균 6.0%씩 빠르게 증가하고 있다는 데 문제의 심각성이 더해진다.

세계적인 투자자인 짐 로저스Jim Rogers는 "한국 공무원 열풍은 대단히 부끄러운 일이다. 활력을 잃고 몰락하는 사회의 전형을 보는 것 같다"라고 공시 열풍에 대한 일침을 가하기도 했다. 실제로 현대경제연구원이 2017에 발표한 '공시의 경제적 영향 분석과 시사점'에 따르면 공시족 증가로 인한 경제적 손실액은 21조원 이상으로 나타나고 있으니 참으로 답답하고 안타까운 일이 아닐 수 없다.

2장

사회 양극화의
원인

사회 양극화는 왜 일어나는가?   ‖‖‖‖‖‖‖‖‖‖‖‖

2019년 '세계 3대 영화제'에 속하는 두 국제 영화제가 동일한 문제를 짚은 두 작품에 최고의 상을 안겨 주었다. 칸 국제영화제 황금종려상은 영화 《기생충》에, 베니스 국제 영화제 황금사자상은 영화 《조커》에 돌아간 것이다.

《기생충》은 극과 극의 삶의 조건을 가진 두 가족을 통해, 《조커》는 빈곤층 남성을 통해 현대사회의 계급문제를 조명했다. 작품 속의 세계는 부의 불평등으로 계층 간 단절과 갈등이 심화된 모습으로 묘사된다. 살면서 거의 마주칠 일 없는 두 계층이 만나고 부딪치면서 갈등을 낳고 파국을 부른다.

《기생충》과 《조커》뿐만 아니라 최근 다양한 영화, 드라마, 연극들도 계급 문제를 많이 다루고 있다. 이런 작품들이 왜 나오게 됐는지를 우리는 한 번쯤 성찰할 필요가 있다. 이는 한마디로 상층과 하층의 계급 간 대립이 격화되고 있는 현실이 대중예술에 반영된 것이다.

오늘날 한국 사회의 양극화는 갈수록 심화되고 있다. 기본적인 소득의 양득화 격차도 커지고 있거니와 문화적 요인까지 겹쳐서 주거, 교육, 소비, 의식 등 삶의 전 영역에서 양극화 현상이 일어나고 있는 것이다. 이는 곧 우리 사회 내부에 극단적으로 분리된 두 집단, 두 사회가 형성된다는 것을 의미한다. 1대 99사회, 격차사회, 사회 양극화, 불공정 사회라는 신조어가 이제 낯설지가 않다.

사회 양극화의 심화는 곧 사회통합의 필요성을 증대시킨다.

'사회통합'이란 소득과 부의 양극화로 인한 계층 갈등을 소통으로 해소하여 건전한 사회를 유지하는 일을 뜻한다.

2016년 7월 국회입법조사처에서 OECD 사회통합지표를 분석한 결과(OECD 34개국의 사회통합 수준을 0부터 10까지 표준화된 점수를 매겨 비교해 본 것이다.) 한국(5.0)은 영역별로 차이가 있으나 OECD 평균(6.0)보다 약간 낮아 중간 수준 국가로 분류되었다. 구체적으로 살펴보면 교육(8.0), 일자리(7.7), 개인적 안전(7.6)은 높게 나왔으나, 일과 삶의 균형(5.0), 삶의 만족(3.3)은 낮았으며, 특히 사회적 관계Social Connections/Community가 0.2로 나타났다. 이는 사회적 격차 또는 불평등이 심각하다는 뜻이며, 이를 해소하기 위한 경제사회정책 및 공동체적 연대를 키우는 사회통합정책이 시급함을 알려주는 셈이다.

이처럼 양극화 현상은 국민통합을 훼손할 뿐만 아니라 개인의 기회와 동기를 빼앗아 경제 활력까지 떨어뜨린다. 양극화 요인은 상속과 교육을 통해 자식에게 대물림되며, 양극화 해소는 분배와 성장을 동시에 잡는 수단이라는 특징도 함께 가지고 있다.

양극화 현상은 비단 사회뿐 아니라 다른 영역에서도 일어날 수 있다. 즉 사회, 산업, 국토, 정치 등 전반적인 영역에서 모두 일어난다고 볼 수 있는 것이다. 사회 양극화는 빈부 격차, 교육 격차, 소득·자산 격차로 나타나며, 산업 양극화는 대기업과 중소기업 간의 격차로, 국토 양극화는 수도권과 지방의 격차로, 정치 양극화는 지역, 이념, 세대, 성별, 장애, 다문화 대결과 대립으로 나타난다.

우리 사회는 1997년 IMF 경제위기 이후 매우 빠른 속도로 불평등과 양극화가 심해졌고, 미국에 이어 가장 높은 수준의 소득·자산 불평등을 나타내기에 이르렀다. 불평등의 확대는 사회적 이동성을 제약하고, 신분의 대물림을 낳아 사회갈등을 일으키는 요인이 되고 있다. 이러한 양극화의 고착화는 양극화 그자체보다 더 국민을 절망하게 만든다. 이러한 집단 좌절 추세를 바꾸지 않고는 분배는 물론 성장도 어려운 지경에 이르렀다.

양극화 현상은 우리나라가 21세기로 나아가는 데 반드시 넘어야 할 산이다. 그럼에도 불구하고 각 분야에서 양극화 현상이 고개를 들면서 우리 사회를 뒤흔들고 있다.

경제 양극화는 1997년 IMF를 시작으로 자산·소득 불평등이 심화되면서, 부는 증가한 반면 행복지수는 하락하고 있고, 정치 양극화도 선악의 정치라는 이분법으로 경제 정책과 사회 갈등을 전혀 해결하지 못하고 있다. 노동시장 양극화 역시 노동시장이 두 단계로 분절되는 이중구조에서 발생하는 문제가 대부분이다. 이러한 양극화들은 국가의 생산성 저하, 혁신 성장의 문제, 사회적 불평등 원인을 초래한다.

이같은 양극화는 결국 소득 양극화에서 촉발되고 귀결된다. 양극화는 매우 광범위한 주제이고 원인도 매우 다양하다. 우선 이번 내용에서는 가장 기본적인 소득 양극화에 대해 생각해 보고자 한다.

소득 양극화로 바라본 사회 양극화 ‖‖‖‖‖‖‖‖‖‖

어느 사회, 어느 시대에나 각 경제 주체가 당면하는 기회와 가진 능력에 따른 소득 격차는 늘 존재해 왔다. 하지만 잘못된 정책으로 인해 그 현상이 더욱 증폭되고 있다면 어찌해야 할까? 최근 10년 동안 계층 간 소득 격차 문제는 늘 사회적 현안이 되었지만 최근 5년 내 경기 침체가 심화되면서 더욱 자주 거론되고 있다. 분명 소득 격차 확대의 주된 원인은 전반적인 경기 침체에서 찾을 수 있지만, 경기가 나빠지면 가난한 사람들의 소득이 제일 먼저 줄어들어, 하위 계층 소득 대비 상위 계층 소득 비율이 높아서 격차가 더 벌어진다. 그러므로 계층 간 소득 격차 완화를 위해서라도 정부는 경제 성장을 위한 실리적인 정책에 초점을 맞춰져야 나가야 한다.

2018년 통계청이 발표한 '엥겔계수'와 '소득 10분위 배율'을 보면 서민들의 생활이 갈수록 어려워지고 있음을 충분히 알 수 있다. 이미 IMF 위기 때 경험했지만, 투자가 부진하고 경제가 어려워질수록 가장 먼저 피해를 입는 이들이 다름 아닌 선량한 서민들이었다.

해외 주요 외신 및 국내 경제학자들의 발표에 따르면 최근 국내 도시근로자들의 소득 격차가 외환위기 직후의 수준까지 확대되고, 엥겔계수 역시 4년 만에 최고치를 기록했다고 한다. 도시근로자들의 소득 격차를 알아보기 위해 통계청이 사용하는 '소득 10분위 배율'은 상위 10% 그룹의 평균소득을 하위 10% 그룹의 평균소득으로 나눈 값인데, 이 비율이 외환 위기 이후 처음으로 9배를 넘어선 것이다. 농어촌까지 포함한 전국 가구의 소득 10분위 배율은 15배 정도로 더 심각하다.

또 가계의 소비지출에서 식료품비가 차지하는 비중을 나타 내는 엥겔계수 역시 최근 몇 년간 26% 수준을 유지하다가 2019년에는 28%대로 올라섰다. 소득이 줄고 생활형편이 어려워지면서 정말 필요한 것이 아니면 지갑을 닫는 바람에 상대적으로 줄이기 어려운 식료품비의 비중이 늘어난 것인데, 이는 극명하게 서민들의 형편이 어려워지고 있음을 방증한다. 이는 또 장기화되고 있는 소비 부진을 연장시키면서 경기 회복을 더 어렵게 하고, 이것이 다시 소비 부진으로 이어지는 악순환에 빠질 수 있다는 점에서도 크게 우려되는 부분이다.

과거 완전한 평등, 완전한 분배를 약속했던 사회주의는 붕괴된 지 오래다. 서민들을 위한다는 명분으로 분배냐 성장이냐 하는 철 지난 논의를 벌이거나, 개혁을 명분으로 기업들의 호소를 철저히 외면하면서 불필요한 기업규제 법안들로 국회가 갑론을박하는 사이 경제는 점점 침체에 빠져들어 소득 격차를 벌이고 있다.

이러한 때에 우리는 해외 기업의 투자확대를 육성하는 한편 내수설비 투자를 늘려 우리 경제의 성장엔진을 다시 가동시켜야 한다. 이를 통해 보다 많은 일자리를 창출하여 서민들에게 안정적인 소득원을 마련해 주는 대책만이 현재 소득 격차를 해소시키는 근본대책이 될 것이다.

사상 초유의 사회 양극화 현상은 세계화, 기술발전, 신자유주의 정책 등의 3가지 요소로 인해 확산되고 있다고 해도 과언이 아니다. 이로 인한 정치 경제적 위험은 나날이 가중되고 있다. 정치적으로는 민족주의, 국수주의, 국가주의, 포퓰리즘이 발흥하여 민주주의를 위축시키고, 이로 인해 국지적 혹은 세계적 수준의 갈등, 분쟁 발발 가능성이 높아지고 있다.

경제적으로는 세계 각국 대중들의 빈곤화와 구매력 감소가 경제침체와 디플레이션 확산의 씨앗이 되고 있다. 1929년의 대공황, 2008년의 대침체 가능성이 높아지고 있는 것이다.

역사는 1929년 대공황 이후 제2차 세계대전이 발발했다는 사실을 근거로 사회 양극화 현상에 대해 엄중히 경고하고 있다. 가장 최근에도 2019년 10월, 우리와 FTA를 맺고 있는 남미 칠레에서 양극화에 저항하는 대규모 민중시위가 벌어졌다.

2019년 10월 6일, 칠레 정부는 수도 산티아고 지하철 요금을 기존 800칠레 페소(약 1,320원)에서 830칠레 페소(약 1,370원)로 인상하였다. 겨우 30페소(약 50원) 인상에 불과하다고 생각할 수도 있지만 양극화에 시달리던 칠레 국민은 크게 분노하였다. 냄비와 프라이팬을 두드리는 시위 '카세롤 라소'를 하며 먹고사는 문제의 절박함을 표출하였다. 이로 인해 AFP에 따르면 11월 18일까지 시위로 22명이 사망하고, 2,000명이 부상을 겪는 사태를 겪었다.

칠레는 2010년 남미 최초로 경제협력개발기구OECD에 가입하고, 1인당 국내총생산은 1만 5,000 달러를 돌파할 정도로 남미에서는 잘 사는 나라에 속한다. 칠레는 신자유주의를 적극적으로 받아들여 공공 부문의 민영화를 적극적으로 추진하였고, 그 결과 교육과 의료, 연금, 가스, 수도 등 국민의 기본권에 해당하는 공공 서비스도 철저히 경쟁에 기반을 둔 시장 원리로 작동하고 있다. 그 결과 2017년 기준 상위 1% 부자들이 국부의 26.5%를 소유하고, 하위 50%는 불과 2.1%만 차지하고 있을 뿐이다. 국민의 50%가 월 40만 페소(약 64만 원) 이하의 생활을 하고 있다.

극심한 양극화에 의해 폭동이 난 칠레에 비하면 우리나라의 상황은 어떨까? 앞서 살펴본 바와 같이 상위 1%가 가지고 있는 자산이 칠레는 26.5%, 우리나라는 26%이다. 그리고 하위 50%가 갖고 있는 자산이 칠레는 2.1%, 우리나라는 2%이다. 수치상으로 더 심각한 우리의 현실에 모골이 송연해진다. 남의 나라 일이 아니다. 우리나라의 경우 지금은 적폐청산을 위해 국민들이 서초동, 여의도, 광화문에 모이지만 이후에는 양극화, 불평등 해소를 위해 시민들이 모일 것이다.

사회 양극화의 원인과 해법을 찾기 위해 나는 2019년 성경 륭 경제인문사회연구회 이사장과 깊은 토론과 대화를 나누었 다. 성경륭 이사장은 균형발전과 복지정책 분야의 전문가로 문 재인 정부의 핵심 정책기조인 사회안전망 강화와 부의 분배에 무게를 둔 `포용국가론`을 설계한 인물이다. 우리는 사회양극 화의 원인과 해법에 대해 폭넓은 공감대를 형성할 수 있었다. 이하는 그 논의의 결과물이다. 그럼 이제 사회 양극화의 원인 부터 알아보자.

첫 번째 원인은 바로 세계화다. 2000년대 세계화의 확산으로 인해 선진국과 개발도상국 간 무역과 투자는 급속도로 증가했다.

먼저 개도국에서 선진국으로의 제품 수출이 증가했다. 개발 도상국이 생산한 저렴한 제품이 선진국에 유입되며 선진국 내 하위 산업의 고용과 소득이 위축된 것이다. 미국의 러스트벨트 사례는 이를 극명히 드러내고 있다.

동시에 선진국에서 개도국으로의 자본 수출이 증가했다. 개 도국으로의 직접 투자 확대 또는 기업 이전의 형태를 띠고 말 이다. 이로 인해 선진국 내의 투자, 기업, 고용, 하위층 소득이 감소했다. 더불어 개도국 내의 투자, 기업, 고용은 증가했다. 하지만 이는 소수에 불과했고 수많은 열위 분야는 도태되고 말았다. 즉 결과적으로 선진국과 개도국 모두 양극화가 확대되고만 것이다.

두 번째 원인은 기술의 발달과 인적 자본의 차이다. 신기술 개발을 통한 매출, 이윤, 고용 증가는 선도 분야와 전통 분야 사이의 불평등을 증가시키고 있다. 기술 발전은 전문 기술직과 숙련 노동자에 대한 수요를 증가시키고 전문직의 임금을 증가시킨다. 반면에 전문성과 교육수준이 낮은 비숙련 노동자에 대한 수요는 감소시키고, 이는 곧 임금 감소와 실업, 비정규직 증가로 이어져 양극화를 확대시키고 있다.

자동화 확대는 자동화 기술을 설계하고 활용할 수 있는 소수의 고학력 전문직 또는 숙련 노동자에 대한 수요와 그들의 임금을 증가시킨다. 그러나 전문성과 교육수준이 낮은 다수 노동자에 대한 수요, 고용, 임금을 감소시켜 불평등을 야기한다. 아울러 기술 발전에 의해 확대되는 긱 이코노미Gig Economy와 플랫폼 노동이 확대되고 있다.

긱 이코노미는 우버, 에어비앤비와 같이 기업이 근로자를 고용하지 않고 필요할 때마다 근로자와 계약을 체결해 일을 맡기는 형태의 경제를 말한다. 또한 플랫폼 노동은 플랫폼에 기반하여 온라인 상이나 O2O online to offline 연결을 통해 노동을 제공하는 형태를 말한다. 이로 인해 임시직, 비정규직, 저임금 노동이 증가하여 다수의 삶을 불안정하게 만들고 있는 것이다.

세 번째 원인으로는 보수주의, 신자유주의 정책을 들 수 있다. 신자유주의자들은 무역규제 완화, 금융 시장 규제완화, 노동 시장 유연화, 민영화를 주요 정책 아젠다로 삼고 있다. 이는 임시직, 비정규직 확대, 노동자 집단의 교섭력을 약화시킨다.

즉 시장에서의 1차적 분배를 악화시키는 것이다. 또한 소득세, 법인세, 상속세 등 세금 축소와 누진제 폐지 또는 약화, 복지 분야의 재정지출 축소 또는 동결을 추가한다. 이로 인해 소득의 재분배는 더욱 악화되고 만다.

전 세계 보수정권, 거대 금융기관, 건설회사, 제조기업 등 신자유주의 세력은 소득분배 악화나 불평등의 구조적 원인은 내버려 둔 채 주로 겉으로 드러난 경기 침체와 같은 증상을 완화시키는 정책을 추진하고 있다. 이는 양적 완화이자 인위적인 경기부양책일 뿐이다. 결과적으로는 소득, 자산분배의 양극화가 심해지고, 경기 확장과 침체가 반복 장기화되며, 금융 위기와 대침체 등 반복적으로 문제를 발생시킨다.

한국 경제는 한강의 기적을 이루며 마치 로켓처럼 성장했다. 그러나 10%대의 경제 성장률을 자랑하던 한국 경제가 IMF 외환위기 이후 주춤하고 있다. 실제로 구조적인 저성장시대로 진입했다는 많은 전문가 집단의 진단들이 쏟아져 나오고 있다. 성장률이 만능은 아니지만 아직 더 성장해야 하는 우리의 처지에서는 신경이 쓰이는 부분이다. 현재의 저성장이 국제환경 변화에 따른 일시적인 것인지, 아니면 성장 잠재력의 저하가 동반된 구조적인 것인지 점검이 필요한 매우 중요한 시점이다.

국회 보건복지위 위원장 출신이라 더 절실하게 체감하는 측면도 있지만 우리 사회에 너무 충격적인 일들이 많이 일어나고 있다. 한국은 엄연히 후발자본주의 국가이다. 지금까지 그랬듯이 앞으로도 후발자의 이득을 만끽하며 선진국의 뒤를 바짝 뒤

따라야 한다. 우리는 주로 영미식 사회경제 모델을 추구하지만 사실 우리나라의 사회적 토대와 환경이 다르다. 거대 영토와 일상화된 인종차별, 그리고 세계 최강의 경제력과 군사력을 가진 미국과 작은 영토에 단일민족, 세계 주요 경제, 군사 대국들 사이에 놓인 분단국인 한국은 그 처지에서부터 많은 차이가 있다. 한마디로 영국이나 미국식 사회 양극화나 불평등의 처방은 우리나라와 맞지 않는 것이다.

돌아보면 우리의 처지와 비슷한 제조업 중심의 국가 환경 모델이 많다. 그 나라들의 전략을 먼저 살펴보고 배워야 한다. 제조업이 산업의 근간일수록 기술혁신과 고용안정이 중요하다는 것을 명심해야 한다. 섣불리 영미식 신자유주의 모델을 따라하며 성급한 판단과 행동을 한다면 오히려 미래 재앙이 될 수 있으며, 양극화로 인한 사회적 비용도 피할 수 없을 것이다.

3장

사회 양극화의
해법

서로의 다름을 '차이'가 아닌 '우열'로 인식하는 차별은 공동체 내의 비합리적이고 공정하지 못한 불평등을 야기시킨다. 일터를 포함한 일상생활에서도 다름에 대한 존중과 성평등을 실현하고 누구도 소외되지 않고 인간의 존엄성을 지키며 살 수 있도록 보장해야 한다.

취약계층에 대한 포용적 지원과 찾아가는 복지서비스를 통한 사각지대의 발굴로 복지안전망을 강화하고, 취약계층이 사회에서 자신감과 책임감을 가질 수 있도록 자립을 지원해야 한다. 여성·장애인·다문화가족·비정규직 등에 대한 구조·인식적 차별 해소에도 노력해야 한다.

앞으로의 경제 개혁은 4차산업혁명에 대비한 시스템 개혁에서 시작해야 한다. 다시 말해 기본적인 생존을 보장하고 포용성장과 혁신성장이 어우러지는 사회구조로 만들어 나가야 하는 것이다. 또한 정치개혁은 선거제도 개혁과 권력구조 개편으로, 국민의 목소리를 잘 들을 수 있는 제도가 절실히 필요하다. 안전, 행복, 공존이 약속되는 사회안전망, 일과 삶의 좋은 균형, 극단적 불평등 해소와 심리적 안정을 정부가 제공해야 하기 때문이다.

양극화를 해소하기 위해서는 우선 양극화의 위험에 대한 사회적 공감대 형성이 선결 과제(소득재분배 정책)이다. 그리고 나서 적극적 조세 재정정책, 포용적 사회정책, 지속적인 경제 성장 정책을 펼쳐야 한다.

첫 번째, 적극적인 조세·재정 정책(소득재분배 정책)이다. 국내 총생산GDP에서 조세(국세+지방세)가 차지하는 비중을 조세부담률Total tax revenue (excluding social security) as percentage of GDP이라 한다. 정부가 국민에게 어느 정도의 조세를 징수하는가를 측정하는 지표다. 조세부담률은 국민들이 강제적으로 납부해야 하는 연금 및 사회보험의 부담은 나타내지 못한다는 한계가 있다. 이 때문에 OECD에서는 미래에 보장급부를 받을 수 있는 권한을 부여하는 모든 강제적인 납부액으로 정의되는 사회보장기여금social security contributions을 일종의 조세로 분류하여 국민부담률Total tax revenue as percentage of GDP을 산출하고 있다. 국민부담률이란 조세와 사회보장기여금이 국내총생산에서 차지하는 비중(조세부담률+사회보장부담률)으로, 조세부담률보다 포괄적으로 국민부담 수준을 측정하는 지표이다.

우리나라의 조세부담률은 2017년 기준으로 18.8%이고, 국민부담률은 25.4%로서 OECD 회원국 36개국의 평균 조세부담률 25.1%와 국민부담률 34.2%에 비해 턱없이 낮은 수준이다. 복지선진국인 스웨덴의 조세부담률은 34.7%, 국민부담률은 44.4%이며, 양극화가 심각하다는 미국조차도 조세부담률 20.6%, 국민부담률 26.8%로 우리보다 높은 수준이다. 사회 양극화에 적극적으로 대처하기 위해서는 조세부담률과 국민부담률을 OECD 수준으로 확대할 필요가 있다. 재산세, 소득세, 사회보장세, 부유세 등의 과세를 강화하고, 탄소세, 데이터세, 토빈세(외환거래세) 등의 과세를 신설해야 한다.

아울러 현재 GDP 대비 11% 수준인 사회복지지출 규모를 OECD 평균인 22% 수준까지 확대해야 한다. 사회복지지출 Social Expenditure은 사회적 위험(노령, 질병, 실업, 재해 등)에 직면한 개인에 대한 공적제도에 의한 사회적 급여(현금, 재화나 서비스)나 재정적 지원을 말한다. OECD 작성기준의 우리나라 사회복지지출은 2015년 약 174.8조원으로, 이는 GDP 대비 11.2% 수준이다. 이는 OECD 회원국 평균 22%의 약 절반 수준밖에 안 된다. 복지 선진국인 덴마크가 31.6%, 스웨덴이 26.8%이며, 미국과 일본도 각각 24.6%, 22.4%에 이른다. 우리나라의 사회복지지출 수준은 제도의 성숙도, 고령화 정도, 소득수준 등을 고려해도 OECD 국가 평균에 비해 매우 낮은 수준임을 알 수 있다. 국민의 삶을 보호하는 재정의 역할 강화가 필요하다.

이러한 적극적 조세 재정 정책을 통해 사회보장성을 강화하고 소득재분배를 통한 불평등 개선을 추구해야 할 것이다.

두 번째, 포용적 사회 정책이다. 이는 미래 신기술과 신산업에 대응하기 위한 교육혁신을 말한다. 현재의 표준화 교육에서 창의력 교육, 하이 테크High-Tech, 하이 터치High-Touch 교육으로 전환하고, 평생교육을 강화해야 한다. 국민의 재능 향상과 역량 증진, 창의적 평생학습사회를 조성하여 국민 역량 증진을 통한 고용과 재고용의 가능성을 높이 고소득 분배를 개선해야 하는 것이다.

2019 노벨 경제학상도 전 세계 빈곤을 줄이는 데 기여한 개발경제학 분야의 인도 바네르지Banerjee 교수, 프랑스 뒤 플로Duflo 교수, 미국 마이클 크레이머Michael Kremer 교수 등 3명이 공동 선정되었다. 이들은 "건강증진과 교육투자가 빈곤 극복의 비결이다"라고 입을 모았다. 지난 20여 년간 이들이 개발한 새로운 실험적 연구는 개발경제학 분야에 널리 활용되어 빈곤 퇴치 연구를 활성화시키고 있다. 현재 인도에서 어린이 5백만 명

이상이 이들이 개발한 학교 치료교수법 프로그램programmes of remedial tutoring의 혜택을 받고 있다.

한편 노동 현장에서는 적극적 노동시장 정책ALMP, Active labour market policies을 확대해야 한다. 고용훈련과 직업소개 활성화, 적극적 교육훈련과 취업 촉진, 고용 지원, 공공일자리를 확대하여 소극적 복지에서 적극적 고용촉진으로 나아가야 한다. 이와 동시에 사회안전망 확충과 복지전달체계 개편을 통해 보편적 복지를 확대해야 한다. 노동 불능 계층과 취약 계층에 대한 기초(기본) 소득 제도 도입을 통해 빈곤 없는 사회를 향해 나아가야 하는 것이다.

세 번째는 지속발전 가능한 경제성장 정책이다. 디지털 전환과 신산업 육성, 4차산업혁명 대응 등 역동적 혁신경제 건설을 통해 고용 확대와 질 개선, 소득 증대, 소득분배 개선을 추구해야 한다. 인공지능AI, 로봇Robot, 데이터Data 분야의 인재를 양성하는 등 연구개발 투자와 사람 투자를 연계하고, 교육, 행정, 비즈니스의 스마트화를 통해 디지털 전환을 가속화해야 한다. 더불어 기존 산업의 혁신을 지원하고 창업과 사회적 경제, 녹색 경제, 체험경제, 실버경제, 돌봄경제 등 고용 촉진적 신산업 육성정책을 펼쳐 가야 한다.

새로운 성장 동력을 위해 4차 산업혁명은 이제 피할 수 없는 시대적 흐름이 되었다. 낙관적 전망이 우세하든, 비관적 전망이 우세하든 그 흐름에 몸을 맡기고 앞으로 나아가지 않으면 이제는 국제 무대에서 누구도 살아남을 수 없다. 아무런 준비 없이 미래를 맞는 건 그야말로 막연한 낙관주의일 뿐이다.

이미 다른 나라들은 노동인구의 감소가 불가피하다는 판단 아래 최악의 미래 사회 시나리오를 그리며 그에 맞는 대비를 갖추고 있다. 이미 4차 산업혁명 이후 자리잡을 신성장 동력과 제조업 등 기존 산업을 매끄럽게 연결시키기 위한 작업에 대부분 발 빠르게 착수하고 있는 상태다.

예를 들어 노동 유연화와 함께 사회보험 확대, 평생 직업 교육, 직업능력 강화, 전직훈련 등 사회 안전망 확충을 동시에 추진하는 독일의 '노동 4.0'이 대표적인 예이다. 물론 외국의 사례들을 무작정 그대로 따를 필요는 없다. 우리나라 실정에 맞는 산업 구조, 노동 구조, 지정학적 위치 등을 모두 고려해 장기적인 프로그램을 구축해야 한다.

또한 4차 산업혁명 시대에 새로운 비즈니스 모델이 새로운 고용시장을 형성한다는 점에 주목하고, 핵심 산업이 동력으로 작용될 수 있는 환경을 조성해야 한다. 다시 말해 급격한 세계 경제의 변화는 대응하기 쉽지도 않고, 산업 구조의 변화도 미리 준비하지 않으면 이겨 내기 쉽지 않다.

양승조의 스트리트 스마트
Street Smart

사회 양극화 해소를 위한 더불어 잘 사는 충남 만들기

나는 모두가 더불어 잘 사는 충남을 만들기 위해 양성평등정책, 인권정책 등 불평등 해소에 집중하고 있다. 또한 '양극화 전담팀'을 신설하여, 자영업자, 소상공인, 비정규직, 여성, 장애, 다문화 등 다양한 분야에서 소외된 이들을 위한 정책을 종합적·체계적으로 펼쳐 나가고 있다.

1. 충남 광역이동지원센터

국가인권위원회는 장애인등급제 폐지와 가속화되고 있는 인구고령화에 따라 2023년까지 교통약자가 연 평균 2%씩 증가할 것으로 예측하고 있다. 그러나 그동안 헌법과 교통약자법에 따라 시군에서 운영하는 특별교통수단은 한정된 시군 재원으로만 운영하다보니 차량이 넉넉하지도 않았고 여러 제약이 많았다. 관외 지역을 이동하는 데 어려움이 있었고 시군마다 이용대상자, 운행시간, 이용요금 등 기준이 달라 거주지에 따른 차이도 상당했다. 충남 광역이동지원센터 구축사업은 그동안 곪아온 지역 교통약자들의 이동권을 실질적으로 보장하는 정책이었다.

2019년 10월, 충남은 충남광역이동지원센터를 구축하여 그동안 시·군 경계에 묶여있던 특별교통수단의 이동범위를 도내 전 지역으로 확대하였다. 이에 따라 충남에 거주하는 장애인, 노인 등 교통약자들은 시·군 경계에 구애받지 않고 충남 전역을 더 쉽고 더 편리하게 이동할 수 있게 되었다. 또한 광역센터를 통해 정확한 데이터를 기반으로 한 배차운영 등 과학적인 교통약자 정책 추진도 가능하게 되었다.

앞으로도 충청남도는 바우처택시나 임차택시를 도입·활용하여 교통수단과 이용자의 장애유형에 맞는 맞춤형 교통정책을 확대할 계획이다. 그리하여 더 많은 교통약자 분들이 더욱 자유로운 이동을 바탕으로 더 많은 사회활동에 참여하는 '더불어 잘사는 충남'을 만들어 나갈 것이다.

2. 공공건물 등의 장애물 없는 생활환경 BF인증

장애인·노인·임산부 등 누구나 안전하고 편리하게 시설물을 이용할 수 있도록 장애물 없는 생활환경 조성이 필요하다. 그리하여 장애인 편의시설 실태 전수조사를 실시했으며, BF인증 의무 확대를 골자로 하는 '장애물 없는 생활환경 인증 지원 조례'를 개정하고, 충청남도 편의증진 5개년 계획을 수립할 계획이다.

3. 충남형 더 행복한 주택

주택문제 때문에 결혼을 못하는 청년들에게 사회적 주택을 지급할 계획을 세우고 있다. 충남형 더 행복한 주택은 저출산 문제를 해결하고, 출발부터 큰 빚을 져야 하는 예비 신혼부부에게 보다 실질적인 도움을 주고자 시행하게 되었다.

충청남도가 추진하는 충남형 더 행복한 주택은 크게 세 가지 특징을 가지고 있다. 첫째, '더 낮춘' 주거비 부담이다. 기본 임대조건은 보증금 5,000만 원에 월임대료 최대 15만 원으로 책정하고 있다. 하지만, 이는 전용면적 59㎡형에 해당하는 것이고 44㎡형은 11만 원, 36㎡형은 9만 원만 내면 입주가 가능하다. 이와 같은 임대료 책정은 공공기관 및 타 도의 행복주택 임대료에 비해 반값도 되지 않는 월등히 저렴한 금액이다. 여기에 더하여 주거비 부담을 낮춰 결혼과 출산의 환경을 조성하자는 당초 목적에 부합하기 위하여 입주하는 신혼부부가 한 자녀 출산 시 50% 임대료를 경감해주고 두 자녀 출산시 전액 면제하여 주거비 부담을 대폭 경감시키도록 하였다.

둘째, '더 넓은' 공간의 제공이다. 충남형 더 행복한 주택은 기존 원룸 내지 투룸 규모의 행복주택에 비해 최대 전용면적 59㎡형(20평형)까지 확대하여 공급한다. 또한, 가족 구성원 변화에 대응 가능한 가변형 구조로 설계하고 아이가 마음 놓고 뛰어 놀 수 있도록 층간소음 저감구조로 건설한다.

셋째, '더 안전한' 육아환경의 조성이다. 단지내 공립어린이집과 시간제 보육실 등을 운영하여 안심육아환경을 조성하고, 새집 증후군이 없도록 친환경자재를 사용한다. 또한 물놀이 시설, 모래 놀이터, 실내 놀이방, 작은 도서관 등 단지 내에는 충분한 여가 활동이 가능한 시설을 설치할 계획이다.

2019년에 1,000호 부지를 선정하고, 2022년 초에 입주하게 되는데, 이 프로젝트가 성공하면 우리사회에도 사회적 주택이라는 개념이 정착하게 될 것이다. 충남형 더 행복한 주택이 사회적 취약계층으로 전락한 대한민국 청년세대의 안정적인 삶을 위한 작은 실마리가 되길 바란다.

4. 공공부문 비정규직의 정규직 전환

충남도청은 되도록 기간제 근로자나 용역 근로자를 직접 고용하는 방법을 취하려 한다. 충남도청 용역 근로자 노사협의회에서 직접고용 여부, 대상인원, 정년, 임금체계 등을 심의·결정할 예정이다. 또한 현재 적정 인력 규모 등을 고려하여 연중 정규직으로의 상시 전환을 추진하고 있다.

실례로 과거 2015년부터 2017년까지 충남도청의 정규직 전환 인원은 매년 5, 6명에 불과했다. 그러나 민선7기인 2018년 들어 충남도청은 현실성과 책임성 있는 정규직 전환을 실시하여 2018년 143명, 2019년 76명의 정규직 전환을 결정했다. 아울러 2019년까지 도 산하 17개 공공기관에 종사하는 비정규직 근로자 357명의 전환도 확정하였다.

이로써 도 소속 비정규직 근로자의 고용안정을 통한 삶의 질 향상, 비정규직 근로자의 고용불안 해소, 도 구성원으로서의 자존감이 증대될 것이다. 더 나아가 정규직 고용관행 정착으로 고용 안정화 및 사회 양극화 해소가 이루어지고, 고용과 근로의 질 개선 및 근로자 사기 진작으로 공공서비스의 질도 개선되지 않을까 생각한다.

5. 사회적 경제 활성화 5개년 계획

　사회적 경제는 우리사회가 직면하고 있는 다양한 사회문제를 해결하고, 새로운 사회적 변화를 이끌 원동력이다. 이미 EU 등 주요 선진국들은 오랜 시민사회의 전통을 토대로 다양한 사회적 경제기업 활동을 보장하는 등 사회적 경제 활성화에 적극 나서고 있다. 충청남도는 지속가능한 사회적 금융시장 조성을 위해 1단계로 2018년 10월에 기금 설치 운영 방안 연구 및 전문가 등 의견 수렴 후 추진방향을 정립했다. 2단계로 2019년부터 2020년까지 기본계획 수립, 조례제정 등 기금 시범 사업을 실시할 예정이다. 3단계로는 2021년부터 2022년까지 시범 사업 성과 평가 및 보완 시행 등 확대 운영할 계획이다.

　보다 효과적인 정책 수행을 위해 전담기구를 설립할 예정이다. 우선 사회적 기업팀, 마을기업팀, 협동조합팀, 총 3팀으로 구성하여 사회적 경제 정책 발굴, 체계적 지원(판로·경영지원 등), 인력양성 프로그램 운영 및 행정과 민간 간의 중재와 협력·조정 기능을 담당하게 할 것이다.

6. 시내버스의 준공영제

　대중교통은 일반 시민의 발이다. 이용의 공공성 확보 및 안전하고 편리한 교통서비스 제공은 공공서비스의 기본이다. 물론 운송업체의 안정적 영업이익을 통한 부채비율 개선 등 경영기반 확보도 병행되어야 한다.

충남은 시내버스 준공영제를 단계적으로 실시하여 운수종사자 처우개선을 통한 교통사고 감소 및 지속 가능한 일자리 창출 효과, 그리고 교통의 공공성을 확보하려 한다.

7. 사회보험료 지원 정책

　사회보험료 지원 사업은 소규모 사업을 하는 사업주에게 사회보험료 부담액 전부를 도와 시군이 지원함으로써 사업주와 근로자의 사회보험 가입부담과 사회보험 사각지대를 해소하기 위한 사업이다.

　충남은 2019년부터 도내 10인 미만의 종업원을 고용하는 사업주가 부담하는 4대 보험료를 지원하고 있다. 이를 통해 2019년 동안 7831개 사업장, 2만 2,374명의 근로자에 대해 총 121억 7,000만 원을 지원했다. 도내 사업체 90% 이상을 차지하는 영세업체의 인건비 부담을 줄여 고용 위축을 막고, 근로자들의 고용 불안을 해소하는 든든한 버팀목이 되었다. 앞으로도 충남은 실업 해소 및 고용촉진을 위한 적극적이고 다양한 노동시장정책을 강구할 것이다.

8. 농어민수당

　충청남도는 2019년 2월부터 농어민수당 도입을 위한 논의를 실시했다. 충남 농어가 기본소득제 추진위원회 운영을 통해 주요 쟁점사항에 대한 조정 과정을 거쳐 왔다. 이에 따라 2020년부터 농어업·농어촌의 공익적 기능 증진 및 농어가 기본소득 보장을 위해 농어업경영체에 등록하고 실제 농어업에 종사하는 농어가 (165천 명)를 대상으로 연 60만원을 현금 또는 지역화폐로 지원할 계획이다. 이는 전국 최초의 사례가 될 것이다.

9. 전 도민 안전보험 가입

2019년부터 충남은 재난사고 피해에 대한 도민들의 불안감을 해소하고, 안전 취약계층에 대한 사회 안전망을 강화하기 위해 충남 도민이면 누구나 각종 재난과 사고로부터 안전보험 혜택을 누릴 수 있도록 정책을 펼치고 있다. 충남에 주민등록을 둔 도민과 등록된 외국인이면 누구나 자동 가입된다.

도민은 홍수·태풍·지진 등 자연재난 사고나 폭발·화재·붕괴 등 사회재난 사고 발생으로 사망 또는 후유장애 발생 시 최대 2천만 원까지 보상을 받을 수 있다. 또한 대중교통, 농기계, 스쿨존 사고, 강도 상해까지 보험 혜택을 받을 수 있다. 무엇보다 타 보험과 중복보상이 가능하며, 전국 어디에서나 사고를 당한 경우에도 보장받을 수 있다.

앞으로 충남은 도민이 받을 수 있는 보험 혜택을 더욱 확대하여 저소득층 등 사회적 약자에 대한 사회 안전망을 강화할 계획이다. 특히 도시, 농촌, 해안 등 다양한 환경여건에 따라 시군 특성에 맞는 안전보험 계약을 체결할 수 있도록 할 방침이다.

10. 여성 장애인 혼합 태권도팀과 시각장애인 골볼팀 창단

2019년 1월, 충남은 장애인과 비장애인이 함께하는 충남도청 여자태권도팀(감독 1명, 장애 선수 2명, 비장애 선수 6명)과 시각장애인 골볼팀(감독 1명, 남자선수 4명, 여자선수 4명 등 2개팀 9명)을 창단했다. 모두 전국 최초였다. 나는 두 팀의 창단이 장애인과 비장애인의 차별이 없는 더불어 잘 사는 사회를 만들기 위한 의미 있는 출발점이라고 생각한다. 전국적으로 장애인 실업팀 창단 붐이 일어 우리 장애인 체육인들이 더 많은 기회를 얻고 장애인 스포츠가 더욱 활성화되길 기대한다.

『스트리트 스마트(STREET SMART)』란,
실생활에서 배운 문제해결 기술이나 경험을 말한다.

현재의 위기 2

고령화의 위기

social polarization low birth rate ageing, aging

3부

1장

고령화 현상

위기의 큰 흐름, 고령화 시대 ‖‖‖‖‖‖‖‖‖‖‖‖‖‖‖‖‖‖‖‖

장수는 오랫동안 인류의 염원이고 꿈이었다. 그러나 정작 장수 시대가 열리자 우울한 전망과 발언이 쏟아져 나오고 있다. '경제성장에 먹구름이 드리울 것'이라거나 '인구 고령화는 인류에게 잿빛 미래'라는 말처럼 말이다.

고령화ageing, aging, 高齡化는 고령자의 수가 증가하여 전체 인구에서 차지하는 고령자 비율이 높아지는 것을 말한다. 고령화의 동향은 일반적으로 고령화율로 나타낸다.

고령화율이란 65세 이상의 고령자 인구(노령인구)가 총 인구에서 차지하는 비율로 나타내는 것이 일반적이다.

국제연합은 65세 이상의 인구가 4% 미만인 사회를 '연소인구 사회', 4~7%인 사회를 '성숙인구 사회', 7%를 넘는 사회를 '고령화aging 사회', 14%를 넘는 사회를 '고령aged 사회', 그리고 20%를 넘는 사회를 초고령사회 혹은 '후기고령 사회'라고 한다. 고령화는 세계 각국에서 나타나는 현상이지만 그 정도나 속도는 나라마다 다르다. 고령화의 속도를 비교하기 위해 몇 개 국가의 고령화율이 7%에서 14%에 달하는 데 필요한 연수를 살펴보면 이렇다.

구 분	도달연도			증가소요연수	
	고령화사회 (7%)	고령사회 (14%)	초고령사회 (20%)	7%→14%	14%→20%
프랑스	1864년	1979년	2019년	115년	40년
미 국	1942년	2014년	2030년	72년	16년
영 국	1929년	1976년	2020년	47년	44년
독 일	1932년	1972년	2010년	40년	38년
일 본	1970년	1994년	2006년	24년	12년
한 국	2000년	2017년	2025년	17년	8년

* 출처 : 충청남도, 통계청 보도자료(2017.12) 및 국제통계

과연 고령화는 인류에게, 그리고 개인에게 축복일까, 재앙일까? 재앙 쪽을 지지하는 사람들은 인구 고령화의 부작용을 지적한다. 복지비 증가로 인한 정부 재정 악화, 미래 세대의 노인 부양 부담 증가, 내수 소비 시장의 위축, 세대 갈등의 등장, 생산연령인구 축소로 인한 생산성 저하 등이 그러하다.

이러한 고령화의 부작용은 튼튼한 경제의 기초인 건전한 재정, 활력 있는 내수 시장, 사회적 혁신, 생산성 증가 등과 반대편에 서 있다.

반면 축복 쪽을 지지하는 사람들은 재앙 시나리오를 인정하지 않는다. 인간의 노화에 대한 잘못된 이미지를 걷어내면 오

히려 기업에는 새로운 비즈니스 기회를, 의학 분야에는 혁신적 예방과 치료 기술의 발전을, 자선 사업 분야에는 노인들의 풍부한 지혜를, 대학에는 인생 2막을 준비하는 노인 학생이라는 새로운 수요를 만들어 낼 것이라고 주장한다.

두 가지 주장 중 어느 쪽이 옳은지는 시간이 지나야 판명될 것이다. 세상의 문제에 대한 해법 대부분이 양극단보다는 중간 어디쯤에 있다는 점을 생각할 때, 고령화의 해법도 극단적 부정론과 극단적 긍정론의 중간 지대에 있을 가능성이 높다.

고령화의 요인으로는 출생률의 저하, 평균 수명의 신장을 들 수 있다. 즉 출생률이 계속 감소함에 따라 젊은 층이 서서히 감소하고, 상대적으로 전체 인구에서 차지하는 고령자 비율이 높아간다. 또한 사망률이 저하되어 결과적으로 평균 수명이 신장하면 고령자 인구가 증가하여 고령화가 진행된다. 고령화는 다산다사多産多死의 시대에서 소산소사小産小死로의 변화라고 할 수 있으며, 인구 피라미드가 '피라미드형'에서 '종형'으로, 더 나아가 '항아리형'으로 이행한다.

앞서 고령화를 경험하고 있는 일본이나 스웨덴에서는 다양한 고령화 대책이 강구되어 왔다. 고령화 사회에 있어서 부족한 노동력을 보충하기 위해 외국인과 여성을 적극적으로 등용하고 있는 것이다. 외국인이나 여성을 포함한 모든 노동자의 노동환경을 정비함과 동시에 외국인에 대한 선거권·피선거권을 확보하거나, 일하면서 출산·육아가 가능한 제도를 정비하였다. 또한 고령자가 되어도 모든 사람이 안심하고 생활할 수 있도록 사회보장제도 역시 마련되었다. 재택치료나 치매성 고령자를 위한 보호시설과 다양한 치료가 가능한 주택 등 개인의 수요에 맞는 서비스나 치료 역시 제공되도록 연구되고 있다.

분명한 한 가지는 고령화가 그 어떤 사회 변동보다도 중요하며 커다란 흐름이라는 사실이다. 인류 역사상 이렇게 대규모로 빠르게 고령화의 흐름이 나타난 적이 없었다. 조만간 대부분의 국가들이 노인 인구가 젊은 인구보다 많아지는 초유의 위기 상황을 겪게 될 것이다.

2019년 10월, 국제 신용평가 회사 무디스Moody's는 세계에서 가장 빠르게 고령화의 흐름을 타는 국가로 한국을 꼽았다.

무디스는 머지않아 고령화로 국가 신용에 대한 압박이 커질 수 있다고도 전망했는데, 특히 OECD 12개국의 고령화 관련 경제 전망을 분석하면서 고령화로 인한 신용 압박은 먼저 이탈리아, 일본, 스페인에서 가장 두드러질 것이며, 뒤이어 한국, 폴란드, 스위스도 이런 위기에 직면하게 될 것이라 발표했다. 또한 한국은 한때 일본처럼 정책 대응이 없는 상황에서 눈에 보이는 부정적인 신용 압박에 직면했다며, 이는 곧 부채 부담 증가와 함께 국가 신용에 큰 영향을 미칠 것으로 전망했다.

2017년 5월, IMF의 '아시아·태평양 지역경제전망Regional Economic Outlook: Asia and Pacific'보고서는 아시아 국가들이 당면한 가장 큰 경제적 리스크로 '고령화'를 꼽았다. 지난 수십 년간 생산연령인구(15~64세)가 폭발적으로 늘면서 빠른 경제성장을 이끌었지만, 아직 충분한 성장에 이르지 못한 채 고령사회로 들어서게 됐다는 것이다. 특히 한국을 생산연령 인구 대비 노인 비율(노인인구 의존 비율)이 급속히 증가하는 가운데, 생산연령인구의 절대 규모마저 감소하는 국가군으로 분류했다. 또한 인구 고령화의 영향으로 향후 30년간 일본의 국내총생산 성장률은

1%, 한국과 중국, 홍콩의 성장률은 0.5~ 0.75% 감소할 것이라고 IMF는 분석했다.

확실히 우리 한국 사회는 여러 위기와 당면 과제 앞에 놓여 있다. 경제적으로는 턱밑까지 치고 올라온 중국과 경쟁하면서 세계 최대 소비 시장인 중국 시장에 진출해야 하는 과제를 동시에 안고 있다. 또한 정치적으로는 분열된 분위기를 회복하고, 청년들을 하루빨리 실업의 고통에서 구해내야 한다. 그러나 이런 과제보다 더 크고 무거운 것이 있으니, 바로 인구 고령화에 대한 해법이다.

유엔 인구국은 21세기 중반이 되면 전 세계 60세 이상 인구 수가 14세 미만 인구수를 훌쩍 초과할 것이라고 예상하고 있다. 고령 인구가 젊은 인구보다 많았던 적은 인류 역사상 없었던 일이다. 인류의 글로벌 고령화 현상은 전 세계 모든 분야에 상당한 영향을 끼치고 있다. 예를 들어, 생산하는 부류의 연령층이 높아져 노인들이 근로 현장에 점점 더 많아질 것이라는 것이다. 특이한 점은 이들은 이전 세대의 노년층보다는 훨씬

교육 수준이 높고 건강하여 사회에 변화를 주고자 하며, 지식도 풍부해 정서적으로 안정되어 있다는 것이다. 따라서 21세기 초의 핵심 중요 과제는 나이가 들면서 나타나는 긍정적인 요소들을 사회 인프라로 어떻게 구축하고 활용할 것인가이다.

한국은 이미 2018년에 65세 이상 고령 인구 비율이 14%를 넘어섰다. 본격적으로 고령화 사회로 진입했는데, 한국인의 수명은 현재 전 세계적으로 높은 편이다. 한국인의 평균수명은 82.7세(남자 79.7세, 여자 85.7세)로 OECD(경제협력개발기구) 평균치보다 남자는 1.7년, 여자는 2.4년 각각 길어, OECD 36개국 가운데 남자는 15위, 여자는 3위에 랭크되어 있다.

고령화는 정치, 경제, 사회, 문화, 의료, 복지, 재정 등 사회 전방위적 변화를 수반하므로, 한 가지 접근만으로는 고령화 전체의 윤곽을 잡아내기는 어렵다. 하지만 제대로 된 고령화의 해법을 내놓으려면 종합적이고 긍정적인 시각으로 고령사회를 바라봐야 한다. 더불어 우리보다 고령화가 앞선 나라들의 고민, 우리보다 고령화 대책에 더 많은 자원을 투입한 나라의 연구 결과도 참고해야 한다.

고령화의 해법 찾기는 노년층과 그 가정, 지역사회 그리고 우리가 몸담은 사회에서 우선순위가 되어야 하며, 장수의 이점을 활용할 방법을 찾아 고령화의 잠재력을 개발시켜야 한다. 그러면 우리는 고령화 사회를 좀 더 수월하게 받아들일 수 있을 것이다.

대한민국 인구구조를 봤을 때 어르신들이 행복하지 않다면 대한민국은 절대 행복할 수 없는 사회요, 국가가 된다. 이제 우리 시대의 거대 담론이자 인류 미래에 중요한 영향을 미칠 고령화에 대해 보다 심도 있게 이야기를 나눠 보자.

2019년 12월말 현재, 노인인구는 802만 명(15.5%)으로 2067년(1,827만 명, 46.5%)까지 지속적으로 증가할 예정이다. 이는 부산, 대구, 대전을 합친 수보다 많고, 홍콩, 싱가포르, 덴마크 각 국의 총인구보다 많은 숫자다.

통계청의 '세계와 한국의 인구현황 및 전망 보고서('19.9.)'에 따르면 2045년 한국은 '세계에서 가장 늙은 나라'가 될 전망이다. 한국의 고령인구 비중은 2019년 14.9%(세계 51위)에서

2045년 37.0%로 치솟아 36.7%인 일본을 넘어 세계 1위 고령
국가로 등극한다. 2067년에는 46.5%까지 높아져 세계 평균
(18.6%)은 물론 2위 타이완(38.2%), 3위 일본(38.1%)과도 큰 격차
를 나타낼 전망이다. 유엔의 인구 전망 비교 대상인 201개 국
가 중 2067년 노인 인구 비중이 40%를 넘는 것으로 전망되는
나라는 없다.

고령화 시대의 특징 ||||||||||||||||||||||||||||||||||

① 노인 인구의 급증

UN은 65세 이상 노인 인구가 전체 인구의 7%를 넘으면 고령화사회, 14%를 넘으면 고령사회, 20% 이상이면 초고령사회로 분류하고 있다.

고령인구, 2017~2067년

(단위: 만 명, %)

구분		2017	2020	2025	2030	2040	2050	2060	2067
총인구		5,136	5,178	5,191	5,193	5,086	4,774	4,284	3,929
고령 인구	65+	707	813	1,051	1,298	1,722	1,901	1,881	1,827
	75+	302	347	426	532	887	1,141	1,184	1,142
	85+	60	77	112	144	230	405	499	512
구성비	65+	13.8	15.7	20.3	25.0	33.9	39.8	43.9	46.5
	75+	5.9	6.7	8.2	10.2	17.4	23.9	27.6	29.1
	85+	1.2	1.5	2.2	2.8	4.5	8.5	11.7	13.0

*출처: 장래인구특별추계: 2017-2067년, 통계청, 2019.3.28.

한국은 2000년 노인 인구가 337만 명으로 전체 인구의 7.3%를 차지하여 고령화 사회로 진입하였다. 또한 2017년 11월 기준, 65세 이상 노인 인구가 712만 명, 전체 인구의 14.2%

를 넘어 본격적인 고령사회로 진입하였다. 고령화 사회에서 고령사회로 진행하는 데 프랑스는 115년, 미국은 73년, 일본은 24년 걸렸다. 그런데 우리나라는 17년밖에 소요되지 않았다. 세계 어떤 나라보다도 가장 빠르게 늙어가고 있는 것이다.

고령인구 구성비는 2025년에 노인 인구가 1천만을 돌파하며 전체 인구의 20%가 넘는 초고령화 사회가 예상되고, 2036년 30%, 2051년 40%를 초과해 2067년에는 전체 인구 비율에 46.5%인 1,827만 명이 예상되고 있다.

대한민국 총인구는 2017년 5,136만 명에서 2028년 5,194만 명을 정점으로 2029년부터 감소하여 2067년 3,929만 명(1982년 수준)에 이를 전망이다. 2017년과 2067년의 연령별 인구 구성비를 보면, 15~64세 생산연령인구 비중은 감소(73.2%→45.4%)하고, 65세 이상 고령인구 비중은 증가(13.8%→46.5%)한다. 또한 0~14세 유소년 인구 비중은 감소(13.1%→8.1%)할 것으로 예측된다.

연령계층별 인구, 2017~2067년

(단위: 만 명, %)

구분	연령	2017	2020	2030	2040	2050	2060	2067
인구	계	5,136	5,178	5,193	5,086	4,774	4,284	3,929
	0-14	672	630	500	498	425	345	318
	15-64	3,757	3,736	3,395	2,865	2,449	2,058	1,784
	65+	707	813	1,298	1,722	1,901	1,881	1,827
구성비	0-14	13.1	12.2	9.6	9.8	8.9	8.0	8.1
	15-64	73.2	72.1	65.4	56.3	51.3	48.0	45.4
	65+	13.8	15.7	25.0	33.9	39.8	43.9	46.5

*출처: 장래인구특별추계: 2017~2067년, 통계청, 2019.3.28.

또한 고령인구는 2017년 707만 명(13.8%)에서 2025년 1,000만 명을 넘고, 2067년에는 1,827만 명(총인구의 46.5%)까지 증가할 것으로 보인다. 특히 2017년부터 65세 이상 고령인구가 0~14세 유소년 인구보다 많아, 2067년에는 고령인구가 유소년 인구보다 5.7배 많을 것으로 예측된다. 이와 같이 한국의 고령인구 비중은 현재 OECD 국가들에 비해 아직은 낮은 수준이나, 머지않아 2065년(46.1%)에는 가장 높아질지도 모르는 위기에 처해 있다.

② 노인 부양비 급증

2019년 3월, 통계청이 발표한 '장래인구특별추계 2017~2067년'에 따르면 생산연령인구 1백 명당 부양할 인구(유소년, 고령인구)의 **총부양비**는 2017년 36.7명(노인 18.8명)에서 2038년 70명, 2056년 100명, 2067년 120.2명(노인 102.4명)까지 증가할 것으로 나타나고 있다. **유소년 부양비**의 경우에는 유소년 인구와 생산연령인구가 동시에 감소함에 따라 2017년 17.9명이었던 것이 2067년 17.8명 으로 큰 변화는 없을 것이라 예측했다. 그러나 **노년부양비**의 경우에는 고령인구의 빠른 증가로 2017년 18.8명에서 2036년 50명, 2067년 102.4명 수준으로 2017년 대비 5.5배로 늘어난다. 한국의 총 부양비(2017년)는 36.7명으로 OECD 국가(2015년) 중 가장 낮은 수준이나, 2065년(117.8명)에는 가장 높은 수준이 될 것이란 우울한 전망이 계속 나오고 있다. 2056년부터는 고령인구가 유소년 인구보다 5배 이상 많아지게 될 것이다.

이를 기초로 분석할 때, 총 부양비가 100을 넘는 50년 뒤에는 생산연령인구 1명이 노인 여러 명의 생계를 책임져야 한다는 결론이 나온다. 1960년의 경우 노인 1명을 생산연령 인구 18.9명이 부양하면 되었으나 2017년 현재는 5.3명, 2067년에는 0.98명이 노인 1명을 부양해야 한다. 다시 말해 1명으로도 감당하기 어렵다는 것이다. 더 큰 문제는 유소년 인구에는 고등학생·대학생 등이 빠져있고, 실제 생산 연령인구는 20대 중후반부터 시작인 현실을 생각하면, 실질적 부양 부담은 더욱 심각해질 것이라는 점이다.

③ 노인 의료비 급증

2019년 11월, 건강보험공단이 발표한 '2018년 건강 보험 통계연보'에 따르면 2018년 건강보험 적용인구 5,256만 명 가운데 65세 이상 노인이 709만 명으로 전체의 13.9%를 차지했다. 이 해의 건강보험 진료비는 총 77조 9천억 원이었는데, 노인 진료비는 31조 8천억 원으로 전체의 40.8%나 되었다. 즉 인구 비율로는 13.9%에 불과하지만 전체 의료 서비스의 40% 이상을 사용하고 있는 셈이었다. 구체적으로 보면 2018년 적용인구 1인당 연평균 진료비가 152만 원일 때, 노인 1인당 연평균 진료비는 454만 원으로 3배에 이르렀다. 다시 말해 노인

1명이 증가하면 3배의 재정 부담과 3배의 복지 비용이 증가한다는 의미가 된다. 노인 1명의 증가는 단순히 인구통계학상 숫자 1이 늘어나는 것이 아니다. 그런데 문제는 지금 노인 인구 비율이 15% 정도 되는데, 앞으로 2067년에는 46.5%까지 이르게 된다는 데 있다. 이는 현실적으로 감당하기 힘든 수치이다.

이 문제를 해결하기 위해 우리는 건강수명과 기대수명을 일치시키는 데 힘을 기울여야 한다. 왜냐하면 건강수명과 기대수명의 간극만큼 유병 기간이 늘어날 확률이 높아지기 때문이다. 그렇다면 건강수명과 기대수명의 간극을 조절하기 위해 어떤 정책이 수반되어야 할까? 우선 기대수명에 대한 의미부터 짚고 넘어가자.

특정 연령의 사람이 앞으로 살 것으로 기대되는 연수를 '기대여명'이라 하는데, 출생아(연령 0세)의 기대여명은 '기대수명'이라고 한다. 2018년 생명표에 따르면 한국인의 기대수명은 1970년 62.3년, 1990년 71.7년, 2010년 80.2년, 2018년 기준 82.7년(남성 79.7, 여성 85.7)으로 OECD 36개 회원국 중 남성은 15위, 여성은 일본, 스페인에 이어 3위이다. 이는 OECD 평균(남성 78.1년, 여성 83.4)보다 남성은 1.7년, 여성은 2.4년 높은 수치다.

세계보건기구WHO와 영국 임페리얼 칼리지 런던Imperial College London은 OECD 35개 회원국의 기대수명을 분석한 논문을 영국의 세계적인 의학저널《랜싯Lancet》에 기고했다. 그 내용에 의하면 2030년에 태어나는 한국 여성의 기대수명은 90.82살로 세계 1위로 나타났다. 조사 대상국 남녀 중에 기대수명이 90살을 넘는 집단은 한국 여성이 유일했다. 여성 장수국가로는 한국에 이어 프랑스(88.55), 일본(88.41), 스페인(88.07), 스위스(87.07)가 톱 5를 구성했다. 2030년생 한국 남성의 기대수명도 84.07살로 세계 1위이다.

오래 사는 것은 분명히 축복이다. 문제는 건강하지 못하게 오래 사는 것이다. 요양병원에 가보면 코와 목에 줄을 연결하여 살아가시는 분들이 얼마나 많은가. 거의 움직이지 않는 상태로 몇 년을 사시는 분들도 많다. 이것이 과연 진정한 장수의 축복일까?

그렇다면 장수국가로 나아가고 있는 한국의 국민들은 얼마나 건강하게 사는 것일까?

얼마나 오래 사는가에 대한 지표인 '기대여명'에 장애 유병률을 적용하여 얼마나 건강하게 오래 사는가를 측정한 지표가 '건강수준별 기대여명'이다. 해당 지표에는 객관적 값인 유병기간 제외 기대여명과 주관적 값인 주관적 건강평가 기대여명이 있다.

상술한 2018년 생명표에 의하면 2018년 출생아의 **유병 기간 제외 기대수명**은 64.4년이다. 유병기간 제외 기대수명이란 실제 질환이나 장애 등으로 고통받는 기간을 제외한 기대여명(수명)을 말한다. 쉽게 건강하게 사는 기간으로 생각하면 된다. 남성은 64.0년이고 여자는 64.9년이다. 이 경우 기대수명 82.7년과 유병기간 제외 기대수명 64.4년의 격차는 전체 18.3년(남성 15.7년, 여성 20.9년)이다. 기대수명 중 건강한 기간의 비율은 전체 77.9% (남성 80.3%, 여성 75.6%)로서 인생의 1/4 가량은 질환과 장애 등으로 고통받고 있음을 알 수 있다.

주관적 건강평가 기대수명은 전체 여명(수명) 중 주관적으로 건강하다고 평가하는 기간을 말한다. 2018년 출생아의 주관적 건강평가 기대수명은 69.0년이다. 남성은 69.1년이고 여성은 69.0년이다. 이 경우 기대수명 82.7년과 유병기간 제외 기대수명 69.0년의 격차는 전체 13.7년(남성 10.6년, 여성 16.7년)이다.

기대수명과 건강수준별 기대여명의 격차인 18.3년, 13.7년은 무엇을 의미하는가? 이는 결국 그만큼의 의료비 부담이 가중되는 기간이 되는 것임을 의미한다.

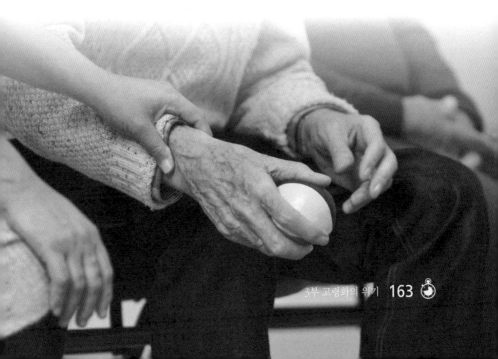

이 밖에 2016년 **65세 기준 기대여명**이라는 것이 있다. 이는 65세의 사람이 앞으로 생존할 것으로 기대되는 평균 생존년 수를 의미한다. 마찬가지로 **65세 기준 주관적 건강평가 기대여명**이라는 것이 있는데, 이는 65세 기준 기대여명 중 주관적으로 건강하다고 평가하는 기간을 의미한다. 통계청이 2018년 9월 27일 발표한 2016년 65세 기준 기대여명은 20.6년이다. 반면에 주관적 건강평가 기대여명은 10.8년, 결국 9.8년이라는 차이가 발생한다. 이를 통해 우리가 알 수 있는 점은 보통의 사람들이 노년에 건강을 유지하며 살 수 있을 것에 대한 기대가 낮다는 사실이다. 어떤 병을 얻어 고통 가운데 살지 모르니, 어떤 사람도 주관적 건강 평가 기대여명을 높게 잡지는 못하는 것이다.

④ 노인의 상대적 빈곤

나는 자주는 아니지만 무료급식 배식 봉사를 한 적이 있다. 그때마다 놀라는 것은 11시 30분부터 배식이 시작되는데, 1시간 전부터 어르신들이 줄을 서서 기다리신다는 사실이다. 처음 배식할 때 일반적으로 성인이 먹는 보통의 식사량을 드리면 역정을 내실 수 있다. 어르신들은 평균 식사량의 최소 3배를 드신다. 주걱에 가득 담고 또 담아 고봉밥을 만들어드려야 흡족해하신다. 아마도 옛날 시골 머슴밥보다 훨씬 많을 것이다. 75~80세 된 어르신들이 어떻게 이 많은 밥을 드실 수 있을까 의아했는데, 그 이유를 금세 알 수 있었다. 그분들은 아침을 못 드신 채 바로 점심을 먹는 게 습관이 되어 위가 늘어난 것이었다.

식사를 다한 다음에는 또 줄을 서신다. 이번엔 저녁밥으로 먹을 밥을 미리 챙기려 하는 것이다. 비닐봉지에 밥을 한가득 담는 어르신들이 많은 것을 보고 나는 가슴이 저려왔다.

혹자는 말한다. 퍼주기 행정 때문에 이 나라가 골병든다고. 요즘 세상에 배곯는 사람이 어디 있냐고. 하지만 속속들이 들여다보면 비참한 현실이 버젓이 존재한다. 특히 노동력을 상실하고 자식들로부터 부양 혜택을 받을 수 없는 노인인구에 집중되어 있는 것이 우리 시대의 슬픈 자화상이다.

상대적 빈곤율이란 전체 인구 중 빈곤 위험에 처한 인구의 비율을 의미한다. 상대적 빈곤이라는 것은 대한민국 5,180만 명을 일렬로 놓았을 때, 가운데 사람 소득인 중위 소득의 절반이 안 되는 것을 말한다. 2017년 소득분배지표에 따르면 2017년 중위소득 50% 기준 노인의 상대적 빈곤율은 42.2%다. OECD의 불평등한 고령화 방지 보고서에 따르면 대한민국은 노인 빈곤율 OECD 1위다. 66~75세의 경우 42.7%로 OECD 평균 10.6%의 4배이며, 76세 이상의 경우 60.2%로 OECD 평균 14.4%의 4.2배에 달한다. 2019년 OECD가 발표한 '한눈에 보는 사회 2019Society at a Glance 2019'에 따르면 대한민국 65세 이상의 노인 빈곤율은 45.7%로 OECD 36개국 가운데 압도적 1위다. OECD 평균(13.5%)은 물론 2위 에스토니아(35.7%)와도 큰 격차를 내고 있었다.

OECD 주요국의 상대적 노인 빈곤율

(한국은 2015년 기준, 외국은 2016년 기준)

국가	노인빈곤율	전체빈곤율	국가	노인빈곤율	전체빈곤율
독일	9.7%	10.1%	네덜란드	3.1%	8.3%
일본	19.6%	15.7%	미국	22.9%	17.8%
한국	45.7%	13.8%	OECD	13.5%	11.7%

*출처: OECD Income Distribution Database(OECD, 2019)

통계청의 2019 고령자 통계에 따르면 2018년 국민기초 생활보장 전체 일반수급자 165만4천 명 중 65세 이상 고령자는

54만 3천 명으로 32.8%를 차지했다. 국민기초생활 보장 수급자는 2015년 이후 감소 추세이나, 고령자는 2012년 이후 오히려 증가하고 있다.

이렇게 노인 빈곤율이 높은 것은 우리나라 노인이 미래에 대처하지 못하고 게으르고 나태해서일까? 아니다. 후세대를 번듯하게 교육시키고 성장시키는 것 때문에 노후대비가 안 된 것이다. 노인층을 보면 젊은 시절 고생만 하고, 노후까지 비참해지는 이들이 너무 많다. 그리고 나이가 들어서도 계속 일하기 위해 애쓴다. 편히 쉴 여력이 없는 것이다. 그래서 우리나라 65세 이상 노인 취업률이 세계 2위이다. 다른 나라 노인 취업률의 4배 정도가 된다. 그런데 노인 취업의 이유의 60%가 생활비 마련이다. 조금이라도 생활비를 벌지 않으면 살아갈 수가 없기 때문에 나이가 들어서도 일을 놓을 수가 없는 것이다.

그래서 2018년 65세 이상 일하는 고령자가 231만 1천 명, 31.3%이다. 노인 3명 중 1명이 생계를 책임지고 있는 것이다. 70세 이상 고용률은 세계 1위다. 75세 이상 고용률은 2016년 기준 한국이 18.1%로 OECD 평균 4.8%의 약 4배로 2012년부터 1위를 고수하고 있다. 70~74세 고용률은 한국이 33.1%로 OECD 평균 15.2%의 2배에 달하며 역시 1위를 차지하고 있다.

이렇듯 대한민국 노인들은 다른 OECD 회원국 노인들에 비해 경제활동에 오랜 기간 참여하고 있기 때문에 은퇴시점을 기준으로 한 기대여명도 상대적으로 짧다. 2019년 12월 국회입법조사처의 'OECD 통계에서 나타난 한국 노인의 삶과 시사점 보고서'에 따르면, 한국인의 은퇴연령은 남성과 여성이 모두 72.3세이며 은퇴 후 기대여명은 남성 12.9년, 여성 16.3년이다. 반면 OECD 회원국의 평균 은퇴연령은 남성 65.4세, 여성 63.7세이며 은퇴 후 기대여명은 남성 17.8년, 여성 22.5년이다. 즉, 대한민국 노인은 OECD 회원국 노인들에 비해 남성은 6.9년, 여성은 8.6년 더 오래 일하고, 이로 인해 은퇴 후 기대여명은 남성은 4.9년, 여성은 6.2년이나 짧은 셈이다.

그렇다면 어르신들이 일자리에서 일의 즐거움을 많이 느끼고 계실까? 2019 고령자 통계에 따르면 2019년 55~79세 고령자 중 장래에 일하기를 원하는 비율이 64.9%였다. 어르신들께서 취업을 원하는 이유는 생활비 보탬이 60.2%로 일하는 즐거움 32.8%을 압도하고 있었다. 2019년 사회조사에 따르면 노후 관심사는 소득지원(35.5%), 취업지원(23.7%), 의료·요양보호 서비스(28.8%) 순으로 경제적 분야가 최대 관심 사항이었다.

도심의 골목을 걷다 보면 산더미처럼 쌓인 폐지를 리어카에 싣고 끌고 가는 어르신을 목격할 때가 많다. 전봇대 주변, 쓰레기 집하장을 배회하는 어르신들이 구부정한 허리로 택배 상자를 차곡차곡 정리하고 계실 때도 있다.

한번은 추석 명절을 보내고 인사를 다니는데, 어르신들이 폐지를 주워서 정리하는 것이었다. 한 할머니에게 연세를 여쭈었더니 87세라고 하셨다. 그분 말씀에 의하면 폐지를 팔아 받는 돈이 2,100원에서 3,900원 정도라고 하셨다. 87세 되는 어르신들이 추석 명절에 손주들 재롱을 보며 즐겁게 보내셔야 할 텐데, 이렇게 밖에 나와 폐지를 줍고 계시는 상황이 참으로 안타깝게 느껴졌다.

보건복지부 산하 한국노인인력개발원에서 수행한 폐지 수집 노인 실태에 관한 기초연구에 따르면 2017년 기준 약 6만

6천 명의 노인이 폐지를 줍는 것으로 조사되고 있다. 이는 전체 노인의 0.9%, 일하는 노인의 2.9%에 해당하는 수치이다. 노인들이 폐지로 벌어들이는 수입은 시간당 평균 2,200원이고 2017년 시간당 최저임금 6,470원과 비교하면 3분의 1 수준에 불과하다.

⑤ 세계 1위의 노인 자살률

해마다 노인 가구가 늘어나고 있고, 그중 30% 가량이 1인 가구이다. 2045년에는 가구주 연령이 65세 이상인 고령자 가구의 비중이 47.5%까지 늘어날 전망이라고 한다. 혼자 사는 노인은 생계가 어렵고 건강 상태도 좋지 못해 우울증에 걸리기 쉽다. 이러한 현상은 노인자살로 이어져, 부끄럽게도 대한민국이 OECD 국가 중에서 노인 자살률 1위를 차지했다.

2018년 65세 이상 자살자 수가 3,593명, 자살률이 10만 명당 48.6명에 이른다. 당해 연도 전체 자살자 13,670명의 26.3%, 전체 자살률 26.6명의 약 2배에 달하는 수치다. 노인이 자살을 생각해 본 이유로는 경제적 어려움이 가장 높았고, 실제 자살을 시도한 경우가 13.2%로 나타났다.

이러한 노인 자살률을 낮추고 행복한 노후를 보장하기 위해서는 노후소득지원, 의료·요양보호 서비스, 노후취업지원 등이 정책적으로 이루어져야 한다. 지역사회에서도 노인 부양, 노인 의료, 노인 빈곤 및 노인 자살 등의 고령화 문제를 해결하기 위한 정책을 세우고, 예산을 확보하려는 노력이 필요하다.

⑥ 외로운 노인

보건복지부의 제2차 독거노인 종합지원대책에 따르면 독거노인은 2018년 140만 명에서 2035년 300만 명으로 급증할 것으로 전망했다. 노인 5명 가운데 1명은 독거노인이다.

실태가 이렇다 보니 돌보는 사람 없이 혼자 살다 숨진 65세 이상 '무연고 사망자'가 2014년 538명에서 2018년 1,056명까지 꾸준히 증가하고 있다. 사회활동 없이 홀로 생활하는 노인들은 사회활동을 활발히 하는 노인들에 비해 우울감 위험도가 4배나 높은 것으로 나타났다.

최근 서울 아산병원 재단은 한 해 동안 65세 이상 408명(남 172명, 여 236명, 평균 나이 74.9세)을 대상으로 관찰해 얻은 결과를 언론에 발표했다.

이 자료에 따르면 다른 사람을 거의 만나지 않는 등 사회 활동이 없는 노인을 '사회적 노쇠 노인'으로 분류했는데, 408명 중 사회적 노쇠로 나타난 노인은 총 84명으로 그중 여성이 59명(70.2%), 남성이 25명(29.8%)이었다. 여성이 남성보다 2배 이상 많은 것을 볼 수 있는데, 이는 남성보다 바깥활동이 적고, 혼자 사는 여성이 더 많기 때문인 것으로 분석된다.

사회적 노쇠를 겪은 노인들은 우울감이 발생할 위험이, 그렇지 않은 노인보다 무려 4배 높았다. 또한 근감소증, 영양 부족, 낙상 등으로 신체에 장애가 발생하여 혼자 생활하기 힘든 경우도 무려 2.5배나 높은 것으로 나타났다. 사회적 노쇠 상태의 노인은 노인 증후군 같은 질환이 생길 수 있는 고위험군에 해당하므로, 노년기에 신체적인 건강관리뿐만 아니라 이웃들과 자주 대화하고 소통하면서 사회활동을 활발히 하는 것이 건강관리에 도움이 된다.

이처럼 독거노인은 노인 부부나 자녀동거 노인과 비교했을 때 건강, 소득, 사회적 측면에서 상대적으로 취약하여 정책적 관심이 더 필요한 분들이다.

2장

고령화의 원인

고령화는 왜 생기는가? ||||||||||||||||||||||||||||||||||

인구 고령화는 산업화의 성숙에 따른 인구 변천의 보편적 과정이다. 산업화의 진행 과정에서 인구증가율이 상승하다가 산업화가 성숙단계에 이르면 인구증가율이 하락하면서 인구구조가 고령화되는 과정을 거치게 되는 것이다.

하지만 우리나라는 산업화의 진행속도가 빠른 만큼 고령화도 매우 빠르게 진행되고 있다는 점이 특징이다.

1991년과 2065년의 총인구 규모는 약 4,300만 명으로 비슷하나, 인구 고령화 수준은 각각 5.2%에서 42.5%로 약 37%포인트나 차이가 난다. 이는 앞으로 인구 규모의 감소보다 인구 구조의 고령화가 더 심각한 문제가 될 수 있음을 시사 한다.

우리는 은퇴한 노인들을 어떻게 부양하느냐보다 이들을 어떻게 사회 구성원으로 활동할 수 있도록 하느냐에 더 초점을 맞추며 사회제도를 변화시켜야 한다. 무엇보다 긴 호흡을 가지고 고령화의 이면인 저출산을 해결하기 위한 정책을 수립하고 진행할 필요가 있다.

① 저출산

한 국가의 인구 규모 및 구조는 경제 사회 전반에 지대한 영향을 미치며, 더 나아가 미래의 지속 발전 가능성을 좌우한다. 인구 규모와 구조는 출산, 사망, 그리고 국제 이동의 상호작용 결과이며, 이러한 인구변동 요인은 사회구조적 요인들과 개인적 가치관에 영향을 받아 변화한다. 특히 한국 사회는 이미 1980년대 중반부터 저출산 시대로 진입했으며, 외환위기 이후 더욱 급격하게 감소하여 21세기 초 세계적인 초저출산 현상을 겪고 있다. 장기적 저출산 현상이 지속되면 생산연령인구가 줄어드는 것은 당연한 이치이고, 이는 궁극적으로 노인 인구의 급격한 증가로 이어지면서 인구 고령화가 급진전될 것이란 점은 예측 가능한 시나리오다.

② 기대수명 증가

기대수명의 연장은 보건정책 및 소득수준 등의 향상과 정(+)의 상관관계에 있다. 복지국가로의 전환에 따라 기대수명은 더욱더 연장되어 노인 인구의 감소 속도를 더디게 한다.

3장

고령화 시대의
해법

고령화는 경제적, 신체적, 정신적 등 세 측면에서 더욱 큰 부양 수요를 발생시킨다. 인구 감소 및 고령화는 주로 초저출산 현상의 장기화에 기인하고 있다. 요컨대 인구 감소(생산연령인구 감소 포함)와 인구 고령화에 대응하기 위해서는 근본적으로 일정한 출산 수준을 유지해야 한다. 하지만 저출산 현상이 지속됨에 따라 매년 생산연령인구 연령대로의 진입 인구는 줄어드는 반면, 노년층 진입 인구는 늘어나고 있다.

이러한 역전 현상은 저출산 현상의 지속 기간에 비례해 더욱 심각해져 그만큼 고령화 증가 속도, 생산연령인구 감소 속도가 가속화되고 있다.

고령화의 근원적 해법은 저출산의 해소에 있다. 하지만 근본적인 완화책 외에 이미 코앞으로 다가온 고령사회에 대한 대응책에는 어떠한 것들이 있을까?

노인에 대한 새로운 정의 ||||||||||||||||||||||||||||||||

우리는 기존의 연령에 대한 생각을 다시 바꿀 필요가 있다. 노인의 개념은 상대적인 개념이다. 현재 우리나라 법 규정 어디에도 '노인은 몇 세부터'라는 규정은 없다. 물론 우리나라는 노인복지법에 지하철 무임승차 연령이 65세 이상으로 정해져 있는데, 이 부분을 근거로 65세 이상을 노인으로 인식하고 있는 것이 현실이다.

고령화로 인해 노인들이 급격히 증가하는 문제를 줄이기 위한 기술적인 방법으로 노인의 기준 연령을 올리는 방안이 있다.

실제로 일본의 몇몇 자치단체는 재정적인 문제로 인해 노인의 지하철 무임승차 제도를 없애거나 기준 연령을 75세로 조정한 바 있다. 물론 현재의 높은 노인 빈곤율을 고려할 때 65세 이상을 기준으로 제공하는 노인복지 혜택을 사라지게 할 수 있는 노인 연령 상승은 시기상조이다. 그러나 평균수명과 건강여명 연장 추세를 감안할 때 노인 기준으로서 65세는 상향 조정이 되어야 한다.

2017년 1월 보건사회연구원에서 펴낸 '인구 및 출산동향과 대응방향'에서 이삼식 교수는 노인인구는 모두 동질하다는 관점에 의거한 평면적인 접근보다는 70대, 80대, 90대, 100대 등 연령층마다 규모가 다르고 사회·경제적 속성 역시 다양화되고 있음을 고려해 입체적이고 다각적인 접근이 강화될 필요가 있다고 밝혔다.

노인에 대한 의식 전환도 필요하다. 우리 사회는 노인을 공경하거나 보호해야 할 대상자로 생각한다. 미국이나 유럽은 법으로 노인의 사회활동에 차별을 두는 것을 금지하거나, 자신의 의지만 있으면 일하거나 사회활동을 하는 데 나이가 큰 문제가 아니라는 인식이 강하다. 그러나 우리나라는 노인을 사회에서 물러나야 하는 대상으로 인식하고 있다. 이러한 이유로 은퇴를 하지 않고 현역에 남고 싶은 노인에게 이제 그만 쉬어야 한다는 말로 퇴직을 종용하는 등 노인에 대한 다양한 차별이 벌어지고 있다.

고령화가 심화되고 있는 국가들에서는 노인의 경험이 사회적으로 매장되지 않도록 하는 데 주력하면서 노인계층이 어떤 식으로든 사회생활을 지속할 수 있도록 다양한 노력을 경주하고 있다. 우리나라의 경우 노인들은 생산성이 낮기 때문에 젊은 사람보다 일을 못하고, 노년기를 노인복지관이나 경로당에서 보내야 하는 것으로 생각하고 있다.

2016년 2월 서울연구원에서 펴낸 '서울의 고령화 현황과 대응방안'에서 윤민석 박사는 이러한 사회적 분위기가 노인을 사회적으로 배제시키는 기제로 작용하여 사회적으로 적절한 역할을 할 수 없도록 만들고 있다고 주장한다. 특히 기존 노년층을 피부양인구로 간주하는 제도는 한계가 존재할 수밖에 없

다. 고령화 대응은 특정 노년층을 위한 것이 아니라 사회 전체
와 시민의 안전, 안녕을 목표로 하는 근본적 과제라는 관점이
필요하다. 고령자는 우리 사회의 구석으로 물러나 보호받아야
할 '수동적 객체'가 아닌, 사회적 기여와 잠재력을 가지고 자립
할 수 있는 '적극적 주체'로 접근해야 하는 것이다.

안정된 노후 보장을 위한 노력 |||||||||||||||||||||||

노인 세대야말로 세계에서 가장 못살고 어려웠던 대한민국
을 세계 12위권의 경제대국으로, 또 세계 6위권의 수출대국으
로 만든 장본인이다. 이렇게 잘사는 나라를 이루고 후세대에게
물려주었는데, 과연 그분들의 현재 삶은 어떠한가? 대한민국
평균 노인의 삶은 1인당 GNI 3만 달러가 넘는 나라답지 않게
어렵고 빈곤하다. 일례로 노인 빈곤률이 정부 발표에 의하면,
2017년 현재 42.2%로 두 분 중 한 분이 상대적 빈곤 상태에 놓
여 있다.

나라를 잘 일구어 준 대한민국 어르신들이 이렇게 어려운 경제적 상태에서 살아간다는 것은 국가가 커다란 책임을 방기하고 소홀히 했기 때문이라고 생각한다. 나는 대한민국 어르신들이야말로 우리 사회로부터 존경받고 예우 받을 권리가 있으며 품위 있는 노후생활을 영위할 권리가 있다고 본다. 어르신들의 안정된 노후 보장을 위한 우리의 노력이 더욱 필요한 이유다.

① 소득 보장을 통한 안정된 노후

수명은 늘어났지만 경제적 생산력이 떨어지거나 없어지기 때문에 노령인구의 생계와 복지를 사회적으로 어떻게 감당하느냐는 매우 중요한 문제이다. 이러한 문제를 해결하기 위해서는 단순 생존에 필요한 의식주는 물론이고, 신체의 노화에 따라 증가되는 의료 서비스와 삶의 의미를 찾을 수 있는 공간 제공 등 노인의 삶의 질을 확보하는 것들이 주요 과제가 될 것이다.

그런 의미에서 노후의 생활 보장이 부조가 아닌 기본적 사회권으로 전환되어야 한다. 노년 빈곤의 장기적 구조적 요인은 노동 시장 분절과 사회보장 분절이 결합된 결과로서, 누구도 생계, 사회활동 등이 위협받지 않도록 사회보장제도를 강화해야 한다. 이는 연금의 중요성이 강조되는 이유이기도 하다.

일자리 문제 역시 중요하다. OECD 국가 중 우리나라는 고령세대 소득 구성에서 연금 소득의 구성비가 가장 낮고, 근로소득의 구성비가 가장 높은 나라이다. 그럼에도 불구하고 고령세대의 노동시장은 굳게 닫혀 있고, 베이비붐 세대의 은퇴와 고령화가 본격화되면서 대안 없는 퇴직의 그림자가 짙게 드리워져 있는 것이 현실이다. 실제로 노동시장에서의 정년연령은 55~57세로 선진국의 평균 정년연령인 60 ~65세와 비교할 때 상당히 낮은 수준이다. 특히 이는 우리나라의 평균수명이나 노령연금 지급 시기와도 크게 괴리되어 있다. 게다가 비자발적인 조기 정년퇴직이 만연해 있고, 퇴직 후 근무 연장이나 재고용의 길은 거의 막혀있는 실정이다. 그나마 주어지는 시니어 일자리는 서비스 분야의 저임금, 비정규직이 대부분이다.

우리나라의 노인과 중고령자의 고용률이 높은 이유는 높은 빈곤율과 사회보장제도 미발달의 방증이라 할 수 있다. 노인들

에게는 안정적으로 소득을 확보하고, 경험과 노하우를 살릴 수
있는 일자리가 필요하다.

노인 인력의 활용은 생산연령인구가 감소하고 있는 우리 경제의 지속 가능성을 위해서라도 불가피한 선택이다. 한시적인 재정 지원 일자리 사업이 아니라 노인들의 소득 보충 기능을 강화하기 위해서는 독일, 프랑스 등처럼 면세와 사회보험료를 적극 지원하거나 미국의 SCSEP(고령자 지역사회 서비스 프로그램)처럼 훈련·고용서비스를 강화해 고령자들의 사회 참여와 일반 민간 노동시장에서 일자리를 구할 수 있도록 해야 한다.

② 의료·돌봄을 통한 건강한 노후
신체적, 정신적, 사회적으로 안녕한 어르신들은 대한민국의 활력, 그 자체다. 건강한 어르신들은 의료비 급증 문제와 경제 인구 감소 문제의 근본적 해결책이기도 하다. 또한 대한민국의 평화와 번영을 만드신 어르신들의 건강하고 품위있는 노후 생활을 보장하는 것은 다음 세대의 당연한 책무이다.

현재 노인 의료는 사후 치료 중심으로 평균수명이 길어지는 반면, 건강수명 증가폭은 상대적으로 낮아 건강하지 못한 생애 기간이 길어지고 있다. 이로 인한 개인과 가족의 고통과 비용 부담도 증가되고 있는 셈이다. 수명은 늘어났지만, 사는 기간 동안 건강하지 못하고 아프다면 그것만큼 힘들고 괴로운 삶이 어디 있겠는가. 노인 의료 정책은 자기 건강관리를 지원하고, 노인들이 더 건강할 수 있는 생활습관 개선에 초점을 맞추어야 한다.

돌봄의 문제도 새롭게 인식될 필요가 있다. 노인의 주요한 특성은 이동성이 낮고 새로운 것보다는 익숙한 것을 선호한다는 점이다. 이는 주변인과의 사회적 관계와 물건, 장소, 지리 등 물리적 관계에서 두드러지게 나타난다. 따라서 병원이나 시설로 삶의 터전을 옮기지 않고 자신이 살던 지역에서 의료 돌봄 서비스를 받는 시스템이 필요하다.

그런 측면에서 주거 지원, 방문 건강관리 및 방문 의료, 재가 요양 및 돌봄 서비스 등을 제공해 노인이 요양병원이나 요양 시설에 들어가는 대신 살던 곳에서 자립적인 생활을 할 수 있도록 복지와 의료서비스가 제공되어야 한다.

예를 들어 방문 건강관리 서비스는 의사와 간호사 등이 퇴원 환자나 건강 상태가 우려되는 노인 집을 찾아가 혈압·혈당 등을 확인하고 만성질환 등을 관리하는 것을 말한다. 노인이 살던 곳에서 건강한 노후를 보낼 수 있도록 주거·의료·요양·돌봄 서비스를 획기적으로 개선하는 '지역사회 통합 돌봄 서비스 (노인커뮤니티케어)'가 절실히 필요하다.

③ 노인 특화 환경 조성을 통한 행복한 노후

노인을 포함한 주민 공동체 모두를 아우르는 물리적·사회적 도시환경을 설계하는 일이 중요하다. 나이가 들어도 노인의 삶의 질이 높아질 수 있도록 건강·참여·안전을 위한 기회를 최적화해서 제공하는 것이다. 노인 특화 환경은 시설 요양에서 벗어나 "살던 곳에서 늙어가기"로 강조점을 이동시키며, 더 나아가 "지역 사회에서 늙어가기"를 최종 목표로 삼아야 한다. 주거 중심의 노인대책에서 사회적 관계 중심의 노인대책으로 지향점이 전환되어야 하는 것이다.

고령자의 신체적 인지적 특성상 자기 집을 중심으로 지역 사회 내 서비스 및 인프라와 긴밀히 연계하여 편안하고 안전한 삶을 영위할 수 있도록 지역(커뮤니티) 중심, 집 중심으로의 전환이 필요하다. 지역 사회 내 프로그램, 서비스 인프라(건강, 치료, 돌봄, 요양, 여가, 문화, 사회참여 등) 확충, 지역 사회 자원 간 네트워크 구축 등이 바로 그것이다.

의료 돌봄을 통한 신체적 건강뿐만 아니라 커뮤니티를 통한 사회적 건강증진이 이루어진다면, 노인층의 삶의 질은 매우 높아질 것이다. 또한 질병예방, 치료, 요양 등은 물론 건강하고 장애 등이 없이 활발하게 사회활동을 하며, 지역공동체에서 존엄한 돌봄을 받을 수 있는 노년상이 확립될 것이다. 누구라도 평소 자신이 익숙한 지역 사회에서 편안하게 나이 들어갈 수 있다면 그보다 행복한 노년이 어디 있겠는가.

고령자가 적극적인 사회 주체로 활동할 수 있는 자립적 물리적 환경 조성과 함께 고령친화산업을 발전시키고, 지방 분권형 고령사회체계를 구축해 나가야 한다. 이와 더불어 호혜적이고 순환적인 마을 복지 돌봄 공동체나 지역 사회 주민 연대 돌봄망을 만들고, 사람 중심의 존엄한 삶-의료-돌봄-죽음의 문화가 정착될 필요가 있다.

이제 지역 사회도 고령화 시대에 대한 적극적인 노력을 해야 한다. 정책의 핵심은 노후에 안전하고 안정적이면서 노년층에 맞는 주거 환경을 조성하는 것이다. 주거 환경이란 사회적 차원과 물리적 차원을 모두 가리키는 개념으로, 주거 공간과 지역사회 그 이상의 것을 두루 포괄한다. 노화의 속도를 늦추려면 건강을 유지하고 사회적 교류가 가능하며 접근성이 좋은 주거 환경을 마련해야 한다. 또한 건강 유지 프로그램을 넘어 이동성과 사회통합, 웰빙, 자립성 등이 더욱 보장된 주거 환경을 갖춰야 한다.

국내 많은 전문가들은 우리나라의 고령화 대응에 대해 "이미 늦었다"라고 입을 모은다. 그 이유는 국내 고령화가 어느 선진국보다 빠르게 진행되면서 대책 마련을 하기도 전에 이미 부정적인 영향이 나타나고 있기 때문이다. 고령화 해법 중 가장 시급한 것은 '일하는 노인'이다. 이를 위해 정년 연장과 노인 일자리 확대부터 시작해야 한다. 특히 정년 연장은 노인들이 빈곤에 빠지는 것을 해결할 수 있는 동시에 노인 인구 부양에 필요한 국가 재정 지출을 줄일 수 있는 방안이다.

하지만 말처럼 그리 쉽지만은 않다. 정부가 현재 60세에서 65세로 정년을 연장하는 방안을 검토하고 있지만, 이에 대한 반대가 만만치 않기 때문이다. 반대하는 이들은 정년 연장이 오히려 노후 빈부 격차를 심화시킬 수 있고, 청년 고용에도 악영향을 미칠 수 있다고 우려한다. 이 때문에 단계적으로 정년을 연장하며 사회가 받을 충격을 최소화하며 흡수하는 것이 필요하다. 이미 독일과 스페인, 싱가포르 등 많은 해외 국가에서는 단계적으로 정년을 연장해 온 사례가 충분히 있다.

급하면 체하기 마련이다. 정년 연장을 한 번에 해결하려 하면 반대에 부딪히고 부담을 느낄 수밖에 없다. 과거 독일처럼 몇 년생부터는 61세에 정년을 맞고, 또 몇 년생부터는 62세에 정년을 맞는 식으로 단계적인 연장을 추진하는 로드맵을 먼저 구체화시켜야 한다.

다시 말하지만 양질의 일자리를 인위적으로 만들어 내는 것은 쉽지 않은 과제이다. 추가로 법정 노동 시간을 줄여 전체 일자리를 나누는 개혁도 필요하다. 예를 들어 충청남도 산하 16개 공공기관에서는 8세 이하 아동을 둔 부모가 한 시간 늦게 출근하고 한 시간 늦게 퇴근하는 제도를 시행하고 있다. 이로 인해 육아 직원 1명당 생기는 2시간의 공백은 새로운 일자리 창출로 이어지고 있다. 일자리 나누기가 기존의 일자리를 갉아 먹지 않고, 오히려 생산성과 만족도를 높이는 원동력이 되는 것이다.

더불어 앞으로는 해외 노동 인력을 받아들이는 정책도 불가 피하게 될 것이다. 이미 우리나라에서 일하는 외국 인력 중 10년 이상 숙련된 인력들이 많다. 나는 이들을 국가 자원으로 받아들여 우리 사회에서 활용하는 방법을 진지하게 고민해봐야 한다고 생각한다.

전체 인구에서 노년층이 차지하는 비중이 그 어느 때보다 높아졌다. 노년층은 나이가 들수록 존엄하게 살고 싶은 마음이 커지며 나이가 들어서도 여전히 중대한 사회 공헌을 할 수 있다.

따라서 가급적 고령 친화적인 도시를 만들기 위해 노력해야 하고, 단편적 정책이 아닌 장기적 관점에서 노인에게 유익한 도시를 새롭게 구성해 나가야 한다. 그저 단순히 노화 속도를 늦추는 것을 넘어 우리가 할 수 있는 일이 무엇인지, 노년층의 안전과 건강, 자립을 증대시킬 실질적인 방법은 무엇인지 알아야 할 것이다.

고령화를 준비해야 하는 국가 정책 IIIIIIIIIIIIIII

① 새로운 정책 창안

바야흐로 글로벌 고령화사회에서 성공하려면 새로운 인구 지형의 특징을 잘 이해해야 한다. 이제 사람들은 질적으로 더 나은 노후 생활을 원한다. 이를 위해서는 충분한 재원 확보가 필요하며, 이를 구체적으로 실현시킬 조직도 갖추어져야 한다. 국가도 적정 수준의 공적연금을 통한 노후소득 보장 강화와 치매에 대한 책임 강화를 목표로 준비해 나아가야 한다.

먼저 노후소득 보장 강화로 국민연금과 기초연금의 적정 수준을 보장하는 방법이 있다. 현재 정부는 국민연금 소득 대체율 인상을 2018년 국민연금 재정계산과 연계하여 사회적 합의

하에 추진하고, 기초연금액을 2018년 25만 원에서 2021년 30만 원으로 상향 지급하는 지원을 해나가고 있다. 또한 중년층 생활 안정 지원을 위해 두루누리 건강보험 지원을 확대하고, 건강보험 가입 기간과 대상을 확대 추진하고 있으며, 치매국가 책임제도를 마련하기 위한 노력도 꾸준히 하고 있다.

2017년부터 전국 252개 치매안심센터와 치매안심병원을 확충하고, 2018년부터 중증치매 환자의 본인 부담률을 낮추고, 고비용 진단 검사를 급여화하거나, 장기 요양 치매 수급자의 본인부담을 낮추는 정책들을 실시하고 있는 것이다.

앞으로는 노인 일자리를 위해서도 구체적인 정책이 이루어져야 한다. 현재 정부는 노인 일자리 수를 2022년 80만 개로 확대할 방침이며, 공익활동 참여수당을 2020년까지 40만 원으로 인상한다고 밝혔다.

② 저출산 고령사회 정책 로드맵

번호	과제명	예산(억)
	기존 3차 기본계획 중 고령사회 주요 역량집중과제	
1	기초연금 내실화	118,423
2	고령자 사회활동 지원사업의 공익활동 내실화	10,471
3	장기요양보험제도 고도화	8,058
4	1인 1국민연금 확립	7,927
5	고령자를 위한 임대주택 공급 확대	5,123
6	치매에 대한 대응체계 강화	3,084
7	중·고령자 취업지원 활성화 노인 일자리 창출 확대	2,376
8	노인안심생활지원	1,632
9	장년기 근로시간 단축 활성화	45
10	노후준비 지원 확대 (노후준비 인프라 확충)	20
기타	퇴직·개인연금 확산·정착, 국민연금 지속가능성 제고 등	25
	합계	157,184

대통령 직속 저출산·고령사회위원회는 2018년 12월 7일 위

원회 심의를 거쳐 《저출산·고령사회 정책 로드맵》을 확정, 발

표했다. 이 로드맵은 '모든 세대가 함께 행복한 지속 가능 사회'를 비전으로 아동, 2040세대, 은퇴세대 등의 삶의 질 향상, 성평등 구현, 인구변화에 대한 적극 대비를 목표로 설정하고 있다. 출생아 수가 급감하고 고령화가 빠르게 진행되는 상황을 완화하는 노력과 함께, 인구 변화에 맞게 사회 시스템을 개혁하는 것이다.

③ 고령친화산업 육성

인구 고령화가 반드시 암울한 미래를 의미하지는 않는다. 고령화가 갖는 함의와 여기서 생기는 기회도 사실 많다. 장수는 축복이고 포용의 대상이며 새로운 발명을 자극한다. 거의 모든 산업에서 노년층이 주요 핵심 세력으로 떠오르면서 노년층의 요구와 기대치를 충족시키기 위한 발 빠른 움직임들이 보이고 있다. 고령화 사회라는 신시장에 필요한 제품과 서비스를 제대로 파악한다면, 그 누구보다 유리한 입지를 차지하게 될 것이다. 고령화 사회에 맞게 4개 분야의 시장으로 나누어 본다면, 아래와 같다.

노인 지원 시장

: 허약하고 장애가 있는 사람과 그 가족에게 봉사한다.

고령 인구의 독립적 삶을 위한 시장

: 더 오래 더 건강하게 살기 위한 사회 기반 시설을 만든다.

고령화 라이프스타일 시장

: 인생의 3분의 1을 차지하는 노년기의 무한한 가능성을 보여 준다.

사회적 영향력 시장

: 노년층은 가족과 사회를 위해 자신들의 발자취를 남기려고 한다.

이는 가까운 미래의 모습을 보여 줄 뿐 아니라, 세계적인 고령화 추세에 따라 새로운 기회를 포착하고 떠오르는 시장 형태를 예측할 수 있게 된다. 국가는 이러한 시장의 시스템과 인프라를 구축하고 시장의 공급자와 수요자로서의 고령자의 참여를 활성화시켜야 할 것이다.

양승조의 스트리트 스마트
Street Smart

고령화 극복을 위한 어르신이 행복한 충남 만들기

출생아 수가 급감하고 고령화가 빠르게 진행되는 시대에 우리는 인구 변화에 맞게 사회 시스템을 개혁하여 앞으로 닥칠 고령화시대에 적극 대비해야 한다. 대한민국이 노인민국으로 변할 수 있다는 것을 명심하자.

이에 따라 정부와 각 지방자치단체는 은퇴 노년기의 가치 있는 삶을 위한 인생 3모작 지원 인프라 구축, 공적연금 강화, 노인 일자리 창출, 지역사회 통합 돌봄 확산, 연령이 아닌 실제 수요를 바탕으로 노인 연령 관련 제도의 틀을 보완하고 가시화시키는 노력을 해야 한다. 실버 세대가 행복하지 않다면 미래의 대한민국은 행복할 수 없기 때문이다.

1. 어르신 버스비 무료화

충청남도의 75세 이상 어르신들께서는 2019년 7월 1일부터 시내·농어촌 버스를 무료로 이용하고 있다. 해당 사업을 전국 최초로 시행한 이유는 세 가지다. 첫째는 교통복지 실현과 형평성 제고를 위해서이다. 수도권과 대도시에 사시는 65세 이상 어르신, 국가유공자, 장애인 등은 전철과 도시 철도를 무료로 이용하고 있다. 그러나 충청남도와 같은 지방같은 경우, 버스 외에는 다른 대체 교통수단이 없다. 그러니 그러한 혜택을 받을 수 없어 상대적인 박탈감은 물론, 교통복지 혜택으로부터 벗어나 있다. 바로 이를 해소하자는 것이다. 둘째는 어르신들의 신체적 정신적 건강을 위해서이다. 차량을 타고 이동하시다보면 신체적 활동을 겸해야 되고 또한 주위 어르신들과 교우하면서 외로움을 덜어낼 수 있으니 정신적 건강 또한 도모할 수 있을 것이다. 셋째는 75세 이상 어르신들의 경제적 부담을 덜어 드리기 위해서이다. 어르신들이 한 번 오갈 때 2,800원이 들어가는데, 만약 한 달에 서른 번 타면 84,000원이 된다. 1년이면 108만 원이다. 75세 이상 어르신들의 상대적 빈곤율이 60%가 넘는 상황을 고려할 때 이는 어르신의 경제적 삶에 작지만 강한 활력이 될 것이다.

2019년 11월말 현재, 총 18만 5천 명의 도내 어르신 중 13만 8천 명께서 신청하였으며, 13만 7천 명이 교통카드를 발급받았다. 2019년 7월 시행 이후 5,310천 건의 이용실적이 잡혀 일주일에 2, 3번 정도 이용하시는 것으로 나타났다. 우리의 당연한 정책적 지원으로 인해 어르신들은 늘어난 여가 활동을 즐기시고 이는 곧 어르신들의 행복한 노후와 지역경제의 활성화로 이어지고 있다. 충남은 여기서 더 나아가 도서에 사시는 75세 이상 어르신들에게도 배를 탔을 때 뱃삯을 면제하는 작업을 추진하여 2020년에 시행할 계획이다.

2. 노인대학과 경로당, 그리고 어르신 놀이터 활성화

대한민국 보건정책의 가장 핵심과제로 삼아야 할 것이 기대수명과 건강 수명의 차이를 줄이는 것이다. 충남은 어르신들이 경로당의 여러 프로그램을 통해서 건강한 삶을 유지하도록 노력하고 있다. 노인대학과 경로당은 실버 세대의 사회참여와 관계 증진, 그리고 인생 2막, 3막을 여는 배움의 장이다. 노래교실, 교양강좌, 건강교실, 체육강좌, 전통예술강좌, 요리교실 등 지역 노인대학 별 특성과 요구에 맞는 다양한 프로그램을 운영함으로써 양질의 노년을 보낼 수 있도록 이끌 것이다.

또한 충남은 저출산으로 인해 어린이들이 줄어들면서 생긴 놀이터의 빈공간을 노인들을 위한 시설로 바꾸는 작업을 구상하고 있다. 즉 어르신 놀이터를 만들겠다는 것이다. 팔각 정자 아래 바둑과 장기를 두며 세월을 낚는 놀이터가 아닌 생기와 활력이 넘치는 액티브시니어active senior를 위한 공간을 만들 계획이다. 어르신들께서는 건강체조, 가요, 악극, 웃음치료 등을 통해 건강하고 즐거운 여가시간을 누릴 수 있을 것이다.

3. 치매 국가책임제 강화

치매는 기억, 감정, 인식, 판단을 훼손하는 만큼, 치매 환자를 돌보는 일은 매우 힘들고, 가족들에게 지워지는 부담과 공포가 아주 크다. 그런 면에서 정부가 나서서 치매 예방과 치료를 적극 지원하고 '돌봄의 사회화'를 이루는 것은 무척 중요하다.

여기서 주의할 것은 대도시 중심으로만 이루어지는 정책이 아닌, 지방 구석구석까지 지역과 계층의 불평등이 없는 행정 지원과 복지 정책이 이루어져야 한다는 것이다. 시·군·구 치매안심센터를 열고, 치매안심요양병원 치매전문병동을 설치하는 등 지역사회의 돌봄의 질을 높여 나가는 것이 급선무다.

4. 생명사랑 자살예방사업

젊은 층의 자살만큼 실버 세대의 자살률도 무시하지 못한다. 특히 농가에서의 자살률이 높으며, 대다수가 65세 이상의 노인들이고, 농약에 의한 자살인 경우가 많다. 이에 따라 농약 안전 보관함 보급 확대가 필요하며, 우울증을 앓는 어르신들을 일대일 멘토링하여 자살 예방을 도와야 한다. 홀로 사는 어르신들이 공동생활을 통해 외로움을 달래고 스스로 목숨을 끊는 비극이 발생하지 않도록 하는 것도 필요하다.

충남은 독거노인 등 자살취약군을 대상으로 선제적 예방활동을 전개하고 있다. 민선7기 들어 1만 명의 어르신들에게 멘토링 제도를 시행하고 있으며, 생명사랑 행복마을 437개소를 운영하고 있다. 또한 농약안전보관함 4,582대도 보급하였다. 동시에 도와 15개 시·군 전부서가 함께하는 자살예방 협업사업도 추진하고 있다. 그 결과, 2017년 65세 이상 자살률 65.1명으로 자살률 전국 1위였던 충남은 2018년 자살률 62.6명, 전국3위로 심각했던 자살률을 완화시켰다.

5. 노인 일자리

최고의 노인복지는 어르신들에게 일자리를 마련해 드리는 것이다. 나이가 들어도 일할 의욕이 있는 노인에게 일을 통해 삶의 보람을 찾고, 자립할 수 있도록 돕는 것은 사회적으로도 도움이 된다. 다만 이 정책 사업에는 기초연금 수급자로 대상을 제한한다든지, 안정적 소득이 보장되지 못한다는 한계가 있다. 그런 부분을 보완하여 노인 일자리 사업 참여의 기회를 늘리고, 적정소득 보장을 위해 노인 일자리 전담기관인 시니어 클럽을 설치해 운영하고 있다. 또한 노인 고용 기업에 대해 장려금을 지급하여 노인 일자리를 창출하려 한다.

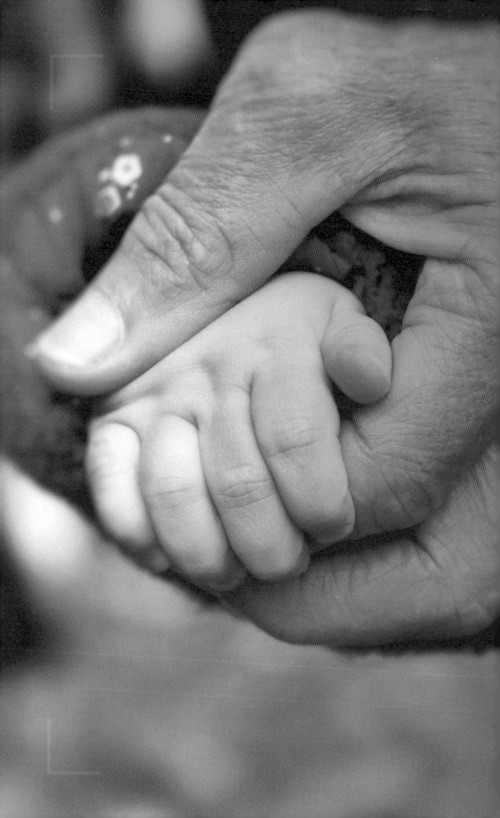

현재의 위기 3
저출산의 위기

social polarization low birth rate ageing, aging

1장

수축사회 현상

저출산, 무엇이 문제인가 ||||||||||||||||||||||||||||||||

21세기를 살아가는 대부분의 선진국들은 저출산 문제로 고민하고 있다. 영국과 프랑스를 포함한 유럽의 선진국들은 이 문제의 심각성을 일찍이 깨달아 이를 극복하기 위한 다양한 대책을 세우며 성공의 실효성을 거두고 있다.

2018년 기준 한국의 출산율은 0.98명으로, 세계 최하위 수준을 기록하고 있으며, 2019년 기준 출산율은 이보다 더 낮은

0.90~0.91명으로 추정하고 있다. 이러한 초저출산 현상이 가까운 미래에 심각한 재앙이 될 수 있음에도 불구하고, 우리의 대응은 아직 소극적이고 미흡하다. 저출산은 국가의 존망이 걸린 중대한 문제이며, 먼저 경험한 유럽 선진국들의 대책을 분석하며 출산 대책을 세워야 한다. 그런 의미에서 4부에서는 출산 대책을 미래에 대한 가장 확실한 투자라 생각하고, 저출산의 늪에서 탈피할 수 있는 다양한 성공 사례를 제시해 보고자 한다.

"결혼을 하든 안 하든, 아이를 낳든 안 낳든 개인의 자유"라는 말에 그 누가 강하게 이의를 제기할 수 있을까? 사회적·경제적 활동이 점점 어려워지고, 취업의 문턱이 높아지면서 실업자가 늘어나는 세상에 결혼을 하여 가정을 꾸리고 아이를 낳아 기르는 일은 어느새 사치가 되어 버렸다.

현재 많은 젊은이들은 자녀 출산과 양육에 대한 부담감과 두려움이 매우 커서 결혼을 회피하기까지 한다. 게다가 결혼을 하더라도 당면하는 문제가 버겁기에 다자녀를 두기를 주저한다.

어떤 설문조사에서는 젊은이들의 50%가 결혼을 안 하거나 늦게 하겠다고 대답했다고 한다. 올 상반기 한국의 전통적인 가족 형태인 '부부+자녀' 유형이 2045년에 가면 인구 전체의 16%에 불과할 것이라는 경제협력개발기구OECD의 전망은 지금 우리의 현실을 잘 대변해 준다. 10가구 중 1.6가구만 자녀가 있는 가정이라는 것으로, 한국 사회 가족문화에 대변화가 있을 것으로 예상된다. 국내 노동 인력도 2040년까지 250만 명이 줄어들 것으로 내다보고 있다. 사상 초유의 속도로 '초고령사회(고령 인구 비중 20% 이상)'로 치달으면서 전통적인 가족 형태도 붕괴되고 국가 전반의 생산 동력까지 약화됨을 의미하기도 한다.

이렇게 되면 내수시장이 축소되고 기업 경영은 크게 위축된다. 생산인구로 활력을 띠어야 할 도시는 빈민화되고, 사회 시설을 정비하고 유지해 나갈 사람이 사라지게 될 수도 있다. 저출산 문제는 결코 가볍지 않은 심각한 문제이다.

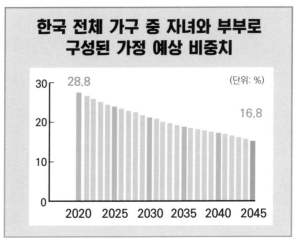

한국 전체 가구 중 자녀와 부부로
구성된 가정 예상 비중치

(단위: %)

28.8

16.8

30

20

10

0

2020 2025 2030 2035 2040 2045

*출처: OECD

세계 최저의 출산율, 18년째 초저출산국가　|||||

① 출생아의 격감 - 1971년 102만 명에서 2018년 32만 명으로

경영학의 아버지 피터 드러커Peter F. Drucker는 "인류 최대의 혁
명은 산업혁명, IT혁명도 아닌 인구가 줄어드는 인구혁명이며 인
구구조는 미래를 예측하는 가장 정확한 지표이다"라고 말했다.
한국은 1983년 이래 37년 동안 저출산 국가, 2002년 이래 18년
동안 초저출산 국가라는 불명예에서 벗어나지 못하고 있다.

출생아 테이블

연도	출생아 수	합계 출산율
1954	703,372	
1955	946,239	
1956	815,828	
1957	909,462	
1958	1,013,427	
1959	808,544	
1960	1,006,018	
1961	971,960	
1962	959,898	
1963	956,092	
1964	925,433	
1965	920,218	
1966	954,487	
1967	937,692	
1968	975,720	
1969	977,342	
1970	1,006,645	4.53
1971	1,024,773	4.54
1972	952,780	4.12
1973	965,521	4.07
1974	922,823	3.77
1975	874,030	3.43
1976	796,331	3.00
1977	825,339	2.99
1978	750,728	2.64
1979	862,669	2.90
1980	862,835	2.82
1981	867,409	2.57
1982	848,312	2.39
1983	769,155	2.06
1984	674,793	1.74
1985	655,489	1.66
1986	636,019	1.58

연도	출생아 수	합계 출산율
1987	623,831	1.53
1988	633,092	1.55
1989	639,431	1.56
1990	649,738	1.57
1991	709,275	1.71
1992	730,678	1.76
1993	715,826	1.65
1994	721,185	1.66
1995	715,020	1.63
1996	691,226	1.57
1997	668,344	1.52
1998	634,790	1.45
1999	614,233	1.41
2000	634,501	1.47
2001	554,895	1.309
2002	492,111	1.17
2003	490,543	1.18
2004	472,761	1.15
2005	435,031	1.08
2006	448,153	1.12
2007	493,189	1.25
2008	465,892	1.19
2009	444,849	1.15
2010	470,171	1.23
2011	471,265	1.24
2012	484,550	1.30
2013	436,455	1.19
2014	435,435	1.21
2015	438,420	1.24
2016	406,243	1.17
2017	357,771	1.05
2018	326,900	0.98

*출처 : 인구동향조사 : 인구동태건수, 통계청

저출산은 우리의 사회·경제를 점진적으로, 또 구조적으로 흔들며 계속 변화시키는 요인이 된다. 다음의 출생아 테이블 도표를 보며 우리나라의 출생아 수 변화를 찬찬히 살펴보자.

(1970~2018년)

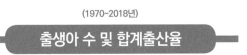

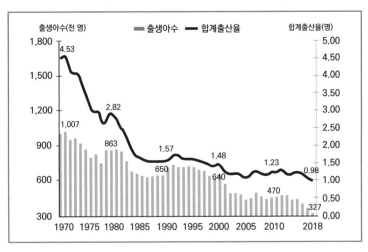

단군 이래 가장 많은 동년배가 있는 출생연도는 1971년이다. 출생아 수가 102만 명으로 정점을 찍었다가 그 이후 산아제한 정책 때문에 감소하기 시작했다. 그러다가 2000년에 63만 명이 태어났다. 단적으로 1971년생과 2000년생을 비교해 보면 30

년 사이에 출생아 수가 102만 명에서 63만 명으로 거의 절반이 줄어든 셈이다. 2001년에는 55만 명이 태어나서 한 번에 8만 명이 줄어들었다. 그 뒤로 계속 줄어들어 지금은 32만 명 언저리를 맴돌고 있다. 1971년 출생아 수와 비교하면 거의 3분의 2가 줄어든 것이다.

이제 전체 인구수를 따지기보다는 생산연령인구와 고령인구, 유아인구의 비율을 세부적으로 들여다보아야 한다. 그 비율이 적정하게 유지되어야 사회도 문제없이 굴러가기 때문이다. 그런데 생산연령인구가 급속도로 줄어들면서 고령인구를 부양해야 하는 부담감은 점점 높아지고 있다.

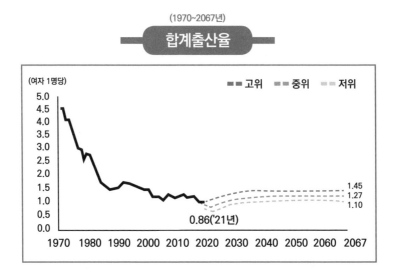

2018년 합계출산율 0.98명은 그야말로 쇼크 그 자체였다. 이는 1970년 출생통계 작성 이래 최저치였다. 1971년 4.54명 이던 합계출산율은 1984년 1.74명으로 1.0명 대로 떨어졌고 이후 35년 만에 1.0명 대마저 무너져 버린 것이다.

합계출산율이 1.0명 아래로 떨어진 OECD 회원국은 한국이 유일하다. 한국 바로 위에 있는 국가는 스페인과 이탈리아인데, 이 국가들도 합계출산율은 1.34명 선을 유지하고 있다.

오히려 2018년 사망자 수는 전년대비 1만 3천4백 명(4.7%) 증가한 것으로 나타나고 있는데, 1983년 사망원인 통계 작성 이래 최대치이다. 이는 한국 고령화 진행 속도가 그만큼 빠르다는 의미이다. 출생에서 사망 인구를 뺀 자연 증가 규모는 전년대비 61.3% 감소했다. 이는 1970년 이래 최저치이며, 2018년 4분기에 사망자 7만 5,800명이 출생자 7만 4,300명을 앞지름으로써 사망자가 출생자보다 많은 '데드 크로스dead cross'가 발생하고 말았다.

② 세계 198개 국가 중 출산율 꼴찌 - 2018년 출산율 0.98명

그렇다면 인구 천만이 넘는 나라에서 출산율이 1.0명 아래로 떨어진 나라가 있을까? 이는 체제가 붕괴될 때나 나타나는 수치이다. 전쟁이나 경제 위기 등 외부 충격 없이 이런 현상이 일어나는 경우는 거의 없다. 1990년 흡수 통일 직후의 동독은 독일 통일로 사회가 어수선해졌고 자국민에게 제공하던 각종 복지가 사라지면서 합계출산율이 1.0명 이하로 떨어졌다. 1992년 러시아는 소비에트연방(소련)이 무너지면서 사회가 극도로 혼란해지자 합계출산율 1.0명 이하로 감소되었다.

그러나 OECD 회원국 가운데 1.0명 이하로 떨어진 나라는 없다. 2016년 기준으로 보더라도 1.3명 미만인 국가조차 존재하지 않는다. 유엔인구기금UNFPA이 발간한 '2019 세계인구 현황 보고서'에 따르면 전 세계 198개국 중 합계출산율 1명 미만인 나라는 찾아볼 수 없다. 한국은 세계 유일의 '출산율 0명대 국가'로 미증유의 사태가 발생한 것이다.

미국 중앙정보국CIA의 '월드팩트북'과 세계은행에 따르면 OECD 비회원국 중 대만(0.9), 싱가포르(0.83), 홍콩(0.93), 마카오(0.85)가 1.0명 미만을 경험했지만, 한국과 동일 선상에서 비교

가 힘든 도시 국가이며, 지금은 이들마저도 출산율 1.2~1.3명
수준을 유지하고 있다.

우리나라는 1970년에서 2018년 사이 합계출산율이 3.55명
이나 감소하여 출산율 감소 속도가 매우 빠르다. 2017년의 일
본 0.70명, 독일 0.46명, 영국 0.69명 등에 비해서도 감소 속도
가 너무나 빠르다. 이렇게 저출산 문제에 있어서는 우리나라가
가장 심각하니, 정책 방안을 잡을 때도 참고할 수 있는 나라가
없다. 그것이 가장 큰 문제이다.

주요국 합계출산율 비교

연도	한국	일본	미국	프랑스	독일	이탈리아	영국
1970	4.53	2.13	2.48	2.48	2.03	2.43	2.43
1980	2.82	1.75	1.84	1.95	1.56	1.68	1.90
1990	1.57	1.54	2.08	1.78	1.45	1.36	1.83
2000	1.47	1.36	2.06	1.87	1.38	1.26	1.64
2010	1.23	1.39	1.93	2.02	1.39	1.41	1.92
2011	1.24	1.39	1.89	2.00	1.39	1.39	1.91
2012	1.30	1.41	1.88	1.99	1.41	1.42	1.92
2013	1.19	1.43	1.86	1.97	1.42	1.39	1.83
2014	1.21	1.42	1.86	1.97	1.47	1.37	1.81
2015	1.24	1.45	1.84	1.92	1.50	1.35	1.80
2016	1.17	1.44	1.82	1.89	1.60	1.34	1.79
2017	1.05	1.43	1.77	1.86	1.57	1.32	1.74
2018	0.98						

③ 저출산과 고령화의 악순환

1999년만 해도 인구정책의 주요 화두는 '성별 감별', '성비 불균형'이었다. 저출산이나 고령화 문제는 일본이나 유럽에서 벌어지는 '딴나라 이야기'로만 여겨지던 시절이었다.

그런데 불과 20년도 지나지 않아 한국은 합계출산율이 세계 합계출산율 2.47명의 절반에도 못 미치는 0.98명으로 주저앉았고, 이는 OECD 36개 회원국 중에서도 가장 낮은 수준이다. 저출산 대표국인 일본보다도 빠르게 저출산 현상이 가속화되고 있는 상황이다.

2018년 통계자료에 의하면 출생아 수가 40개월 연속 역대 최저 기록을 경신하면서 인구 1천 명당 연간 출생아 수가 최초로 5명대로 떨어지기도 했다. 이를 두고 2017년 10월, 당시 IMF 총재이며 현재 유럽중앙은행 총재인 라가르드Christine Lagarde는 이화여대 강단에서 대한민국은 '집단자살collective suicide 사회'라고 지적했다. 결혼과 출산을 포기하면 성장률과 생산성이 떨어지고 재정 악화의 악순환에 빠져드는데 이것은 집단자살로 가는 길이며 대한민국이 그 길에 들어섰다는 것이었다.

반대로 2019년 기준 우리나라 65세 이상 노인인구가 차지하는 비율은 15.5%로 높아졌다. 이는 우리 사회가 고령사회로 진입했다는 의미이다. 이와 같이 저출산과 고령화 문제는 동전의 양면과 같아서 저출산이 고령화 문제를 촉진하고, 사회가 노령화될수록 저출산이 심각해지는 악순환이 반복되기 마련이다. 저출산·고령화 문제는 한 국가의 성장 동력이 되는 15~64세 생산연령인구의 감소로 이어지게 되고, 이는 국가의 경제활력 저하와 노동생산성 약화라는 결과를 가져온다. 우리 경제의 기초 체력을 뜻하는 잠재 성장률도 조금씩 떨어지고 있는데, 저출산 문제를 주요한 원인으로 보고 있다.

저출산·고령화 문제는 노인인구를 부양하기 위한 연금이나 의료보험 등 사회보장비가 증대함으로써 국가 재정에 압박을 주는 것은 물론 노인 빈곤이 사회 부작용으로 발생한다.

인구는 국력이고, 성장 동력이다. 오래전부터 저출산·고령화의 심각성은 사회문제로 대두되고 있었지만, 정부와 지자체의 대책은 미비했다.

저성장 시대 속에서 우리나라가 겪고 있는 심각한 저출산 문제는 고용 불안정 등 경제적 조건과 여성의 양육부담 등 성불평등 요인이 맞물린 현실에서 나타난 여성들의 적응 행위인 측면도 있다. 그럼에도 불구하고 정부의 저출산 대책이 양육 수당과 같은 금전적 보상에 치우쳐 있어 실효성이 크지 않다. 출산과 양육에 대한 사회적 책임을 강조하고, 성평등의 사회 문화를 만들어 출산과 육아가 여성에게 집중되지 않도록 하기 위한 노력과 저출산·고령화와 노동시장 경직성 해소, 기술 혁신이라는 근본적인 해결책이 필요하다.

저출산으로 인한 사회적 적신호 ||||||||||||||||||

① 지역과 국가의 소멸위험

2011년 삼성경제연구소는 당해 연도 합계출산율이 1.19명이라고 발표했다. 그러면서 이러한 출산율이 계속 유지될 것이란 가정 하에 계산한다면 2100년에는 대한민국 인구가 2,468만 명으로 떨어질 것이라고 했다. 이는 지금 5천만 인구의 절반가량 되는 수치다. 2500년에는 약 33만 명 남는다고 하니, 이렇게 되면 나라의 존립이 위태롭게 된다.

문제는 2100년이 아주 먼 미래의 이야기가 아니라는 사실이다. 지금 태어난 아이들은 5천 만 인구가 2천만 명대로 줄어드는 걸 두 눈으로 목도하게 될 것이다. 그리고 그로 인한 파생 문제들을 겪으며 살게 될지도 모른다. 지금 아이들의 현실적인 사회 문제가 되는 것이다.

2006년도에 영국 옥스퍼드 인구문제 연구소의 데이비드 콜먼 David Coleman은 지구상에서 가장 먼저 소멸할 민족 1호가 대한민국이라고 말했다. 그가 그렇게 말한 이유는 대한민국의 출산율이 전 세계적으로 꼴찌였기 때문이다. 수치상으로도 우리나라의 저출산은 나라의 흥망을 좌지우지하는 심각한 문제로 보인다.

그뿐만이 아니다. '지방소멸위험지수'라는 것이 있다. 한국 고용정보연구원이 마스다 히로야의 지방 소멸 원리를 가져와 개발하여 사용한 지수이다. 마스다 히로야는 젊은 여성인구의 수도권 유출이 지방 소멸을 가져올 수 있다고 주장했다. 그리고 그러한 현상은 우리나라에서도 동일하게 나타나고 있다. 소멸위험지수는 20~39세 여성 인구를 65세 이상 고령 인구로 나눈 값으로, 소멸위험지수가 0.5 미만이면 '소멸위험지역'으로 분류한다.

소멸위험지역

	'13년	'14년	'15년	'16년	'17년	'18년	'19년
전체 시군구 수	228	228	228	228	228	228	**228**
소멸위험지역	75	79	80	84	85	89	**97**
(비중, %)	(32.9)	(34.6)	(35.1)	(36.8)	(37.3)	(39.0)	**(42.5)**

*출처: 소멸위험지수, 이상호, 한국고용정보원, 2019.11.

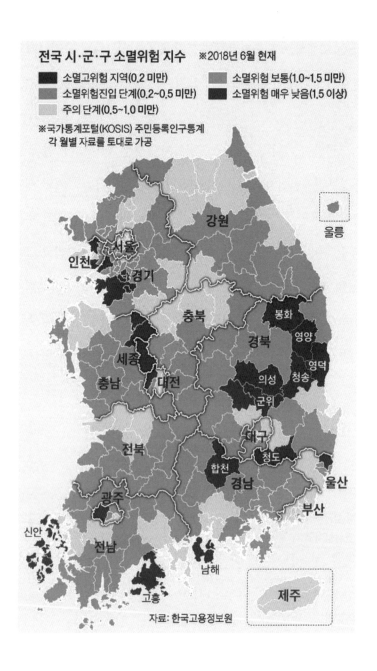

전국 시·군·구 소멸위험 지수　※2018년 6월 현재

- 소멸고위험 지역(0.2 미만)
- 소멸위험진입 단계(0.2~0.5 미만)
- 주의 단계(0.5~1.0 미만)
- 소멸위험 보통(1.0~1.5 미만)
- 소멸위험 매우 낮음(1.5 이상)

※국가통계포털(KOSIS) 주민등록인구통계
　각 월별 자료를 토대로 가공

강원

서울
인천
경기

충북

세종
대전
충남

경북
봉화
영양
영덕
의성
청송
군위

울릉

전북

대구
청도

합천
경남
울산
부산

광주
신안
전남
남해

고흥

제주

자료: 한국고용정보원

2019년 우리나라의 소멸위험지역은 228개의 시·군·구 가운데 97곳(42.5%)으로 나타났다. 시도 단위에서는 전남이 유일한 소멸위험지역이었으며, 2019년 연말에 경북도 진입 전망이 유력하다. 2019년 신규 진입 지역을 보면 대도시(부산 서구)와 수도권(여주)도 인구 절벽의 파고를 이겨내지 못한 것을 알 수 있다.

소멸위험지역은 인구 재생산 주기인 30년 후에는 해당 공동체의 인구 기반이 붕괴하고 사회경제적 기능을 상실할 것으로 예측되고 있다.

국가 전체적으로 볼 때 실제로 대한민국의 인구 정점은 아직 오지 않았다. 그러나 범위를 좁혀 지방으로 보면 인구감소는 이미 시작되었다. 통계청의 발표(시도별 장래인구특별추계: 17-47년, 통계청, 2019.6.)에 따르면 대한민국 제2의 도시 부산의 인구 정점은 이미 20여 년 전인 1995년에 왔다. 또한 절반 가까운 시도가 마이너스 인구성장과 자연감소를 경험하고 있다.

특히 지방은 저출산과 함께 청년들의 유출로 인한 인구 감소가 가속화되어 생산인구 부족, 의료와 교통, 교육, 편의 시설 등 주민들의 기본적 생활 인프라와 일자리가 붕괴되고, 이는 다시 인구 유출의 악순환으로 이어지고 있다.

마이너스 인구성장

시기	마이너스 인구성장
2017년 이전	부산(1996년), 서울(2010년), 대구(2012년), 대전(2015년), 광주(2016년)
2017~2020년	전북·전남·울산·경북(2017년), 경남(2019년)
2035~2039년	강원(2035년), 인천(2036년), 경기·충북(2037년)
2040~2044년	충남(2040년), 제주(2044년)
2044년 이후	세종을 제외한 모든 시도에서 인구가 감소

자연감소

시기	인구 자연감소
2017년 이전	전남(2013년), 강원(2014년), 전북(2015년), 경북(2016년)
2017~2020년	부산(2017년), 대구·충북·충남·경남(2018년)
2020~2025년	광주(2020년), 인천(2021년)
2026~2029년	울산(2029년)
2030~2035년	제주(2030년), 대전(2031년), 서울(2032년), 경기(2033년)
2042년 이후	17개 모든 시도에서 인구 자연감소 발생

② 인구절벽

주민등록인구현황, 행안부, 2019. 12 기준

─■ 세대별 인구 현황 ■─

연령별	2019년 12월	차이(비중)
총 인구수	51,849,861	
0 - 9세	4,166,914	40대-10세 미만 = 422만
10 - 19세	4,959,010	20대-10대 = 185만
20 - 29세	6,810,356	
30 - 39세	7,071,024	40대-30대 = 131만
40 - 49세	8,383,230	
50 - 59세	8,667,377	
60 - 69세	6,310,651	
70 - 79세	3,596,044	
80 - 89세	1,633,336	
90 - 99세	231,759	
100세 이상	20,160	
0 - 14 세	6,466,872	12.5%
15 - 64세	37,356,074	72.0%
65세 이상	8,026,915	15.5%
70세 이상	5,481,299	10.6%

2019년 12월 통계를 기준으로 볼 때 지금 우리나라 인구 가운데 50~59세가 대략 866만 명이 되고, 40~49세가 838만 명 정도 된다. 그렇다면 어린아이와 십 대는 얼마나 될까? 0~9세는 416만 명이고, 10~19세는 495만 명이다. 지금 0~9세, 10~19세가 30년 뒤에는 30~40대가 된다. 더불어 대한민국 여성 평균수명이 90세를 넘는 첫 국가가 될 전망이다. 그만큼 고령 인구가 많이 늘어난다는 것이다. 이렇게 되면 416만 명이 838만 명을 먹여 살려야 하는 상황이 된다. 현재 생산연령인구 5.1명이 1명을 먹여 살린다면, 2060년에는 1.2명이 1명을 먹여 살려야 되는 것이다.

세계적인 미래학자이자 경제 예측 전문가인 해리 덴트Harry Dent는 2014년 《인구 절벽Demographic Cliff》이란 책에서 인구구조 변동과 소비지출 흐름이라는 두 지표를 중심으로 소비지출이 정점에 이르는 45~49살 연령대가 줄어드는 시기에 들어서면 소비가 급속히 떨어진다는 뜻으로 '인구절벽'이라는 용어를 썼다. 즉 인구절벽이란 한 국가나 구성원의 인구가 급격히 줄어들어 인구 분포가 마치 절벽이 깎이는 현상을 말한다. 해리 덴트는 일찍이 2015년 제16회 세계지식포럼에서 한국이 조만간 인구절벽에 직면할 것이라며 하루빨리 대비책을 마련해야 한다고 주장했다. 그는 1980년대 일본 경제 거품 붕괴와 1990년대 미국 대호황을 예견한 바 있다.

가구주 연령별 월평균 소비지출

구 분	전체	39세 이하	40~49세	50~59세	60세 이상
가구비중(%)	100.0	23.2	22.2	23.7	31.0
가구원수(명)	2.43	2.15	2.93	2.64	2.13
가구주연령(세)	51.8	31.9	44.6	54.6	69.8
소비지출(천원)	2,538	2,446	3,193	2,899	1,860

실제로 통계청의 2018년 가계동향조사(지출 부문) 결과에 따르면 60세 이상(186만 원)의 소비지출규모는 40대(319만 원)의 58% 수준에 불과하다. 왕성한 구매력을 가진 소비주력층 40대를 비롯한 대규모 소비집단의 감소는 돈을 쓰고 빌리고 투자하는 인구의 감소로 주식, 부동산, 상품시장 등에 영향을 미쳐 경제성장을 구조적으로 저해한다.

AI, 로봇으로 생산성은 높일 수 있으나 인간만이 할 수 있는 소비, 대출, 투자, 납세 등은 불가능해지므로 4차산업혁명으로 저출산 극복은 힘들다고 할 수 있다.

한편 인구가 1천만 수준인 스웨덴이나 비슷한 인구 수를 보이는 덴마크, 네덜란드는 선진국으로서의 지위를 유지하고 있다. 그렇다면 무엇이 문제인가? 그것은 인구가 일시에 급격하게 감소하는 인구절벽에 있다. 인구절벽 시기에는 거대한 고령세대를 쪼그라든 젊은 세대가 짊어져야 하기 때문이다.

저출산 문제의 핵심은 균제 상태steady state에 접어든 이후의 인구 규모보다는 전환 과정에서 발생하는 세대 간의 불균형과 그것이 야기하는 사회적 비용이다. 세대별 인구 격차, 즉 인구 절벽이 발생하면 그에 따른 소비, 과세, 국민연금, 건강보험 납부 인구의 감소 및 수급 인구의 급증이 발생하고, 이는 대한민국의 지속 가능한 경제성장을 저해하는 요인이 된다.

인구 구조가 바뀌게 되면 장래의 노동공급과 노동소득, 민간 소비가 변화하며, 이에 따라 투자와 생산활동이 영향을 받아 국내총생산이 영향을 받는 거시경제적 파급효과가 발생한다.

경제활동인구가 급격히 감소할 경우, 국내총생산, 노동소득, 자본소득, 투자, 수출, 고용 등의 주요 경제변수가 모두 감소한다.

또한 실물경제에 대한 비관적 전망으로 출산율 저하가 심화되는 악순환이 발생한다. 이와 같은 악순환의 고리가 발생하지 않도록 인구구조 변화에 대한 대응이 가능한 빨리 이루어져야 한다.

특히 대한민국의 교육·의료시스템, 노동시장, 병역제도 등의 사회·경제·행정시스템은 신생아 수가 60만 명 이상이었던 시기에 형성되었다. 하지만 2000년대 들어 신생아 수가 40만 명대로 줄어들면서 인구구조 변화에 대응한 시스템의 개편과 조정의 필요성이 높아짐에도 불구하고 적절한 제도 개선과 변화를 이끌어 내지 못하고 있다.

영유아-청소년-청장년 등의 순으로 저연령부터 현실화되고 있는 저출산의 파도는 보육, 교육, 국방, 노동시장, 사회보험, 보건 의료, 사회기반시설, 사회서비스, 재정 등에서의 수축·축소 압력으로 작용하고 있다. 이는 다양한 영역에서 큰 혼란과 사회적 비용을 야기시키고 있으며, 사회시스템의 전반적인 개편이 국가적 현안으로 부상하고 있다 하겠다.

③ 생산연령인구의 감소

저출산은 세대별 인구 격차에 따른 소비 감소, 과세 부담 증가, 국민연금·건강보험 납부 인구 감소 및 수급 인구의 급증 등으로 지속 가능한 경제성장을 저해한다. 인구 절벽이 고용과 생산, 소비, 투자 등 경제 요소의 발목을 잡음으로써 구조적 저성장을 고착화시키는 것이다. 또한 생산·소비인구의 감소로 경제규모가 축소되어 궁극적으로 경제 몰락을 가속화시킨다. 이에 대한 경제 활성화 대책으로 단기적인 수요 진작의 부동산, 토목, 건설, 철도, 도로 위주의 대책은 어림없다. 사람에게 투자하는 장기적이고 구조적인 대책에 초점을 맞춰야 한다.

2017년 7월 한국은행이 발표한 '인구 고령화가 경제 성장에 미치는 영향 보고서'에 따르면 저출산과 고령화가 이대로 계속될 경우 인구구조만 고려했을 때 2000~2015년 연 평균 3.9%이던 경제성장률은 2016~2025년에는 1.9%, 2026~2035년에는 0.4%로 급락할 것으로 예상했다. 2036~ 2045년이 되면 아예 실질 성장률은 0%로 바닥을 칠 것이라는 우울한 전망을 내놨다.

생산연령인구

구분	2017	2020	2025	2030	2035	2040	2045	2050	2055	2060	2067
총인구	5,136	5,178	5,191	5,193	5,163	5,086	4,957	4,774	4,541	4,284	3,929
구성비	73.2	72.1	69.1	65.4	60.9	56.3	53.6	51.3	50.1	48.0	45.4
생산연령인구	3,757	3,736	3,585	3,395	3,145	2,865	2,658	2,449	2,277	2,058	1,784

*출처: 장래인구특별추계: 2017~2067년, 통계청, 2019.3.28

그렇다면 생산연령인구는 어떻게 되는 것인가? 2018년 3,765만 명(72.9%)을 정점으로 감소되기 시작하여 2067년에는 1,784만 명(45.4%)으로 반 토막이 날 것으로 예상되고 있다. 베이비붐 세대(1955-1963년생)가 고령인구로 진입하는 2020년대에는 연평균 33만 명, 2030년대는 연평균 52만 명씩 감소할 전망이다. 통계청의 '세계와 한국의 인구현황 및 전망 보고서'에 따르면 한국의 생산연령인구 비중은 2019년 72.7%(세계 9위)에서 2055년 50.1%로 추락해 이후 전 세계 201개국 가운데 꼴찌를 계속 차지할 것으로 보인다.

특히 제2차 에코붐 세대(1991~1996년생)의 취업시장 진입이 마무리되기 시작하는 2020년대 후반부터 본격적인 인력 부족이 나타날 전망이다. 급격한 고령화로 인해 고령층에 지급하는 복지 지출이 급증하는 반면, 이를 떠받쳐 줄 생산 연령인구는 오히려 줄어들면서 경제에 심각한 충격이 가해질지 모르는 것이다.

이처럼 생산연령인구가 벌어들이는 소득의 대부분이 고령인구 부양을 위한 세금으로 나가면서 미래 투자는 사라지고, 경제 활력은 떨어지는 악순환이 발생하게 된다.

우리 사회가 얼마나 고령화되어 가고 있는지를 보려면 중위연령을 살펴봐야 한다. 중위연령이란 모든 인구를 나이순으로 세웠을 때 가장 정중앙에 있는 사람의 연령을 말하는데, 그것을 연도순으로 보면, 2017년 42.0세에서 2031년 50세를 넘고, 2067년에는 62.2세까지 높아질 전망이다. 산업화시대에는 20대였던 대한민국이 지금은 40대 대한민국으로, 50여 년이 흐른 뒤에는 60대로 늙어가는 것이다.

중위연령

연도	1960	1970	1980	1990	2000	2010	2017	2020	2030	2040	2050	2060	2067
연령	19.0	18.5	21.8	27.0	31.8	37.9	42.0	43.7	49.5	54.4	57.9	61.3	62.2

*출처: 장래인구특별추계: 2017~2067년, 통계청, 2019.3.28.

　'인구 오너스demographic onus'란 생산연령인구(15~64세)가 줄면서 경제 성장이 지체되는 현상을 의미한다. 반대의 뜻을 가진 단어는 '인구 보너스demographic bonus'로 생산연령인구가 증가해 노동력과 소비를 견인하는 현상을 뜻한다. 우리나라는 2017년부터 인구 오너스 상태에 진입한 셈이다.

　인구 오너스 상태가 되면 우리 사회에 어떤 직접적인 영향이 미칠까? 예를 들어 도로를 뚫고 철도를 운영한다고 해보자. 인구가 현저히 떨어지고, 고령의 노인들밖에 없다고 치면, 누가 도로를 놓고 철도를 건설할 것인가? 그것을 이용하는 인구도 별로 없을 것이다.

　최근 취업자 수가 많이 줄었다. 여러 가지 원인이 있는데, 그중에 사람들이 간과하는 사실이 하나 있다. 바로 20대 진입인구가 급속하게 줄어들었다는 사실이다. 40대와 30대의 인구수를 살펴보면 약 130만 명이 차이 난다. 현재로서는 40대가 우리 사회에 가장 왕성한 인구이다. 이 40대가 10년 만에 130만 명이 줄어드는 셈이다. 매년 12만 명 꼴로 줄어든다. 그러니 취업자 수가 당연히 줄어들 수밖에 없다. 생산연령인구인 15~64세가 2016년도에 3,763만 명으로 정점을 찍었다. 2060년이 되면 2,244만 명이 남는다는데, 1,500만 명이 줄어 드는 셈이다.

저출산의 현실적 사례 ‖‖‖‖‖‖‖‖‖‖‖‖‖‖‖‖‖‖‖‖‖‖‖‖‖‖

① 산부인과의 감소

국민건강보험공단의 표시과목별 의원 수 현황을 살펴보면 전국 산부인과 수는 2005년~2018년동안 연간 평균 45개씩 감소하고 있다.

2005	2010	2011	2012	2013
1,907	1,568	1,508	1,457	1,397

2014	2015	2016	2017	2018
1,366	1,352	1,338	1,319	1,311

* 출처: 국민건강보험공단, 건강보험심사평가원,「건강보험통계」

② 어린이집의 감소

2014년부터 2019년까지 5년 사이에 어린이집 6,371개가 없어졌다. 2019년 한 해 동안만도 전국적으로 1,800개소가 문을 닫았다. 아래 도표에서 확인할 수 있듯이 어린이집 수는 2013년을 정점으로 감소 추세에 있다. 그 이유는 무엇일까? 당연한 대답이겠지만, 아이들이 없어서이다.

(단위 : 개소)

2010	2013	2014	2015	2016	2017	2018	2019
38,021	**43,770**	43,742	42,517	41,084	40,238	39,171	37,371
매년		−1225		−1433	−846	−1067	−1800
5년('14~'19)		6,371개소 감소					

③ 유·초·중·고등학교의 감소

2000년에 대한민국 초등학생 수가 402만 명이었는 데 반해 2018년에는 271만 명으로 확 줄어들었다. 출생아 수가 2015년과 2018년 사이에 11만 명 이상이 줄었다. 이 숫자가 무엇을 의미하는가? 초등학생 100명이 입학한 학교가 있다 했을 때 1,100개의 학교가 없어져야 하는 수치다.

교육부가 2018년 8월 29일에 발표한 '2018년 교육 기본 통계'에 의하면 유·초·중·고등학생 수가 1년 사이 16만 명 가까이 감소하여 2.5% 하락률을 보이고 있다.

2017년 6,468,629명이었던 것이 2018년에는 6,309,723명
으로 줄어든 것이다. 이는 아이들 수만 줄어드는 것이 아니라,
학교와 그 학교에서 일하는 선생님들까지 감소되어야 하는 불
가피한 상황이다.

(단위 : 명)

연도	전체	유치원	초등학교	중학교	고등학교	기타
'18년	6,309,723	675,998	2,711,385	1,334,288	1,538,576	49,476
'17년	6,468,629	694,631	2,674,227	1,381,334	1,669,699	48,738
'10년	7,822,882	538,587	3,299,094	1,974,798	1,962,356	48,047
'00년	8,549,865	545,263	4,019,991	1,860,539	2,071,468	52,604
'90년	9,965,954	414,532	4,868,520	2,275,751	2,283,806	123,345
'80년	10,044,891	66,433	5,658,002	2,471,997	1,696,792	151,667

④ 학교 앞 문방구의 감소

학교 앞 문방구는 어릴 적 추억이 담긴 소중한 문화공간이
다. 그러나 지금 이런 문방구를 찾기가 쉽지 않다. 통계청 도소
매업 조사에 따르면, 1990년대 3만여 곳에 달했던 문구용품
소매업 사업체 수가 2017년 9,918개로 급격히 줄어들었다.

이는 총 2만여 개가 감소한 것으로 매년 약 1,000개씩 줄고

있다. 종사자 또한 2008년 3만 565명에서 2016년 2만 1명으로 10,564명이 감소하였다.

구분	1999	2008	2012	2013	2014	2015	2016	2017
개소수	26,986	18,765	14,731	13,496	12,364	11,735	10,963	9,918

⑤ 대학 충원의 문제

어린이집과 유·초·중·고등학생이 줄어든다면, 대학에는 어떤 변화가 생길까?

예를 들어 2002년생이 대학에 입학하게 되는 2021년을 생각해 보면, 2002년생이 50만 명이고, 대학교 정원도 50만 명이다. 이렇게 되면 단순히 보았을 때 경쟁률은 1:1이고, 누구나 원하면 대학교에 다 입학할 수 있다. 하지만 통계적으로 대학교 진학을 하는 비율이 약 70%이므로, 35만 명만 대학교에 입학한다는 계산이 나온다. 결국 입학할 학생들이 줄어드는 셈이므로 대학교의 입학생이 부득이하게 줄어들게 된다.

정부에서도 이러한 심각성을 인식하여 교육부는 2014년

~2022년까지 9년 동안 총 3주기에 걸친 대학구조개혁평가를 시행 중에 있다. 1주기는 2014~2016년, 2주기는 2017~2019년, 3주기는 2020~2022년이다. 대학구조개혁 1주기 성과로 2013학년도와 대비해 2018학년도 입학 정원을 4만 4,000명 정도 감축시켰다. 그럼에도 대학 입학 자원 감소로 인해 대학의 미충원 확산이 우려되고 있는 것이 사실이다.

특히 입학 자원이 급감하는 인구절벽(2020~2021)에 대한 선제적 개입이 절실하다. 2019년 입학 정원 50만 6천 명 대비, 2023년 입학 정원은 39만 8천 명으로 약 11만 명을 감소시키는 것으로 계획되어 있다. 이처럼 학생 수 정원을 조정하지 않으면 대학의 미달이 속출할 수밖에 없다.

문제는 여기서 끝나지 않는다. 예를 들어 14만 명이 대학 정원을 감축해야 한다고 할 경우 대학교수 자리는 몇 개가 없어질까? 학생 30명당 교수 한 명이라 가정하고 약 30명당 시간강사, 전임강사 등을 줄인다고 계산하면 14만 명이면 3,300명을 줄이든지 아니면 월급을 줄여야 된다. 이 엄청난 사태가 일어날 시기가 불과 3년밖에 남지 않았다.

그래서 교육부에서는 대학교 정원을 10만 명 정도로 감축하기 위해 애쓰고 있다. 이렇게 하지 않으면 정원 미달 사태가 속출하고, 문을 닫는 대학교가 늘어나게 될 것이다.

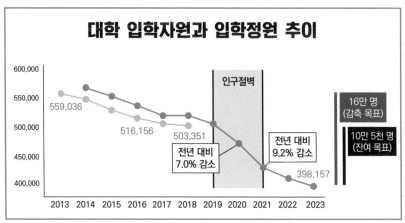

대학 입학자원과 입학정원 추이

학년도	'17	'18	'19	'20	'21	'22	'23
입학자원 (추정*)	520,734	519,857	506,286	470,812	427,566	410,960	398,157
감소분 (전년대비)	△17,012	△877	△13,571	△35,474	△43,246	△16,606	△12,803
감소율	△3.2%	△0.2%	△2.6%	△7.0%	△9.2%	△3.9%	△3.1%

(단위: 명, %)

⑥ 병역자원의 부족

우리나라는 분단국가라는 특수한 상황 때문에 대한민국 국민, 특히 남성이라면 병역의 의무가 불가피한 현실이다. 그런데 만 20세 남성인구가 2012년부터 지속적으로 감소하고 있다. 2020년 이후에는 20세 남자 인구의 급격한 감소로 병역 자원 부족 현상이 발생하고, 2022년 이후부터는 병역 자원 부족 현상이 만성화될 것으로 보고 있다.

국방부의 '국방인력구조 개편안(2018.8.1.)'에 따르면 2020년 이후 20세 남자 인구의 급격한 감소로 병역 자원 부족 현상이 일어날 수도 있다고 예측했다. 2018년 35만 명 수준의 병역의무자는 2020년에는 33만 명, 2022년에는 25만 명으로 급락하고 2037년 이후에는 20만 명 이하로 급감할 것으로 추측된다.

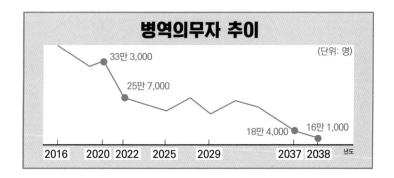

2019년 11월 현재 57.9만 명의 병력을 2022년 50만 명으로 감축하려는 작업이 진행 중이나, 병역 자원이 연간 2~3만 명 부족해지는 현실은 피하기 힘들 것이다. 이에 육군은 병력 절감형 부대 구조 개편을 통해 2018년 현재 군단 8개, 사단 39개, 48만 3천 명을 2025년까지 군단 6개, 사단 33개, 36만 5천 명으로 감축 작업을 진행하고 있다. 이미 2018년에는 26사단이 해체되었다.

⑦ 자영업자, 소상공인의 붕괴

연도	출생아	출생률	비고
2015	438,420	1.24	어린이집
2016	406,243	1.17	어린이집
2017	357,771	1.05	인구대체율의 절반
2018	326,900	0.98	출산율 0명대 진입

김영란법, 최저임금 인상, 주 52시간 근무제 등은 내수 위축의 원인으로 등장하는 언론의 주 단골 메뉴다. 표면적으로는 이것들이 그럴듯한 이유가 될 수 있다. 그러나 구조적으로 살펴보면 전혀 다른 이유가 나온다.

출생률이 떨어지면, 당연히 유아용품 관련 업체에 큰 영향을 미친다. 예를 들어 2015년(438,420명)과 2018년(326,900 명) 사이에 11만 1,520명(25.4%)이나 출생아 수가 감소했다. 이 단순한 수치 감소가 향후 몇 년 안에 분유, 기저귀, 장난감, 유모차, 학용품 등 유아용품 시장의 하위 20%의 도태, 탈락을 가져올 것이다. 그리고 이 저소비의 물결은 점차 10대, 20대로 확대되는 상황이다.

⑧ 국민연금의 고갈

우리나라 국민연금은 일본 공적연금펀드, 노르웨이 국부펀드에 이은 세계 3대 기금이다. 2019년 7월 현재 국민연금의 적립금은 701.2조 원이다. 1988년 국민연금 도입 31년 만에 700조를 돌파했다. 국민연금 적립기금은 꾸준히 증가해 2041년 1,778조로 정점을 찍을 것으로 전망된다.

하지만 2042년부터 적자로 들어서고 2057년도에 적립 기금이 소진될 것으로 예측되고 있다. 이러한 예측은 2060년까지 합계출산율 1.38명, 노년부양비 82.6%로 유지된다는 전제

하에 된 것이므로, 최근 장래 인구추계를 고려하면 고갈 시점이 더 앞당겨질 수도 있다. 예측대로 된다면, 2020년 현재 18세 고등학생이 2057년에 55세 장년이 되었을 때 국민연금 적립기금은 124조 원의 적자가 된다. 그러면 2058년도에는 무슨 뾰족한 수가 있을까. 30년 납부한 사람에게 안 주면 가만히 있을까. 아마 폭동이 일어날 것이다. 그렇다면 국민 세금이라도 충당해서 지급해야 할 것이다. 이런 심각한 상황이 오기 때문에 그 안에 특단의 대책을 세우지 않으면 안된다.

국민연금연구원의 '국민연금 중기재정전망(2019~2023) 연차보고서(2019.7.5.)'에 따르면 전체 가입자 수는 2018년 2천 231만 명을 정점으로 2019년(2천 183만 명)부터 감소세를 보이고 있다. 이는 국민연금의 세대 간 재정 부담 배분 문제를 발생시킬 수 있으므로 연금 및 사회보험 체계의 전면적 개편이 불가피하다.

인구 및 경제 환경의 변화는 국민연금의 보험료 기여 기반이자 지출 대상의 변화와 직접적으로 연결되며 저출산, 고령화는 장기적 재정 안정성에 악영향을 미칠 것은 불 보듯 뻔하다.

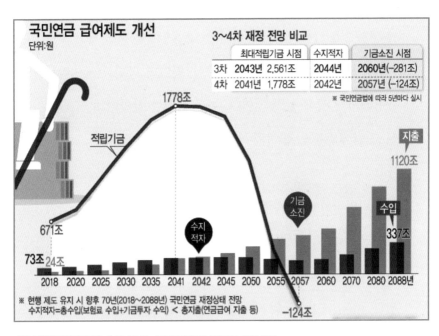

국민연금 급여제도 개선
단위:원

3~4차 재정 전망 비교

	최대적립기금 시점		수지적자	기금소진 시점
3차	2043년	2,561조	2044년	2060년(-281조)
4차	2041년	1,778조	2042년	2057년(-124조)

※ 국민연금법에 따라 5년마다 실시

적립기금

1778조

지출
1120조

기금
소진

수지
적자

수입
337조

671조

73조 24조

2018 2020 2025 2030 2035 2041 2042 2045 2050 2055 2057 2060 2070 2080 2088년

-124조

※ 현행 제도 유지 시 향후 70년(2018~2088년) 국민연금 재정상태 전망
수지적자=총수입(보험료 수입+기금투자 수익) < 총지출(연금급여 지출 등)

출처: 국민연금 2057년 고갈…"보험료율 11~13.5%로 올려야", 중앙일보, 2018.8.17

2장

저출산의 원인

　저출산의 원인에는 3가지 요인이 복합적으로 작용한다. 인구학적 측면에서 보면 혼인 시장의 미스매치와 지연된 경제적 자립이 저혼과 만혼을 초래하고, 법률혼 중시 풍조가 비혼 출산을 방해한다. 경제적 측면에서 보면 취업, 주거, 양육, 교육 등의 고위험High Risk, 고비용High Cost 등이 있다. 사회문화적 측면으로 보면 일과 양립의 곤란, 독박 육아, 가치관의 변화 등이 저출산을 야기시킨다.

인구학적 측면의 원인 ||||||||||||||||||||||||||||

우리나라는 결혼을 한 후 아이를 낳는 문화가 특징이다. 혼인하지 않은 상태에서 아이를 낳는 비율이 2.2%도 안 된다. OECD국가의 경우 약 40% 정도가 혼인신고하지 않은 사이에서 태어난 아이이다. 그런데 우리는 혼인신고를 한 상태에서 태어나는 아이가 97.8%가 넘는다. 달리 말하면 우리는 혼인을 하지 않은 상태에서 아이를 낳는 경우가 극히 드물다는 것이다.

혼인하지 않은 상태에서 태어난 아이는 축복받지 못하는 것이 우리 사회의 풍토다. 게다가 정부 정책도 아이를 입양시킬 때의 지원비보다 미혼모의 양육비 지원이 훨씬 적다. 물론 미혼모를 장려하는 것은 아니지만, 결혼을 해야만 아이를 낳는 문화가 저출산의 원인 중 하나라는 것은 부인하지 못할 것이다. 그러니 결혼할 수 있는 여건의 조성이 중요할 수밖에 없다.

통계청의 2018년 혼인·이혼 통계에 의하면 2018년 혼인 건수는 25만 7,600건으로, 1974년(25만 9,600건) 이후 최저이고 2012년부터 7년 연속 감소 추세를 이어가고 있다.

혼인건수 및 조혼인율

	2011	2012	2013	2014	2015	2016	2017	2018
혼인건수(천 건)	329.1	327.1	322.8	305.5	302.8	281.6	264.5	257.6
증감(천 건)	3.0	-2.0	-4.3	-17.3	-2.7	-21.2	-17.2	-6.8
증감률(%)	0.9	-0.6	-1.3	-5.4	-0.9	-7.0	-6.1	-2.6
조혼인율(1천명당)	6.6	6.5	6.4	6.0	5.9	5.5	5.2	5.0

*출처 2018년 혼인·이혼 통계, 통계청, 2019.3.20.

통계청에서 2019년 8월 28일 발표한 '2018년 출생 통계'에 의하면 혼인 외의 출생아 구성비는 2.2%이다. 이러한 한국의 비혼 출산율은 OECD 평균 40.3%(2016년 기준)에 한참 못 미친다.

비혼출산율

프랑스	노르웨이	스웨덴	덴마크	핀란드	EU 평균	OECD 평균	미국	독일	일본	한국
59.7	56.2	54.9	54.0	44.9	41.2	40.3	39.8	35.5	2.3	2.2

한국보건사회연구원이 발행한 보건복지포럼 2017년 1월 호 '인구 및 출산 동향과 대응 방향'에 의하면, 우리나라는 결혼과 출산을 함께 생각하는 경향이 강한 것으로 나타났다.

1997~2015년 사이에 가임 여성인구(15~49세)는 3.1% 감소한 것에 비해 출생아 수는 34.4% 감소한 것으로 나타났으며, 유사 기간인 1996~2014년 사이 여성 초혼 건수는 34.9% 감소한 것으로 나타났다. 한국보건사회연구원 연구책임자는 "출생아 수는 가임 여성인구보다 여성 초혼 건수에 더 민감하게 반응한다"고 분석했다.

결국 출생아 수가 늘어나려면 혼인율이 높아져야 하는데, 우리의 현실은 그렇지 못하다. 그 이유는 여러 가지가 있겠지만, 경제적 자립과 여유가 갖추어져야 결혼할 수 있다는 것 때문에 결혼은 늘 뒤로 미뤄지는 것이다. 혼인 건수의 감소는 예식장 수의 감소로도 이어진다. 통계청이 2018년 4월에 발표한 '사업체 조사'에 의하면 전국 예식장 수는 2006년 1,038개소에서 2016년 862개소로 감소한 것으로 나타났다. 확실히 결혼하는 사람들이 줄어들고 있다는 방증이다.

경제적 측면의 원인   ⅡⅠⅠⅠⅠⅠⅠⅠⅠⅠⅠⅠⅠⅠⅠⅠⅠⅠⅠⅠⅠ

한국보건사회연구원의 '자녀 출산 실태와 정책 함의 보고서 (2019.2.)'에 따르면 기혼여성이 이상적으로 생각하는 자녀 수는 평균 2.16명이지만, 실제 출산한 자녀 수는 평균 1.75명으로 이상 자녀 수보다 0.41명 적었다. 아직까지 우리나라의 기혼 여성은 원하는 만큼의 자녀를 출산하는 데 어려움을 겪고 있는 것이다.

한국은 가족을 형성하고 유지하는 데 경제적 부담이 큰 사회 다. 신자유주의적 노동시장 재편에 따라 고용과 소득은 불안정 해지고 있는 반면, 주거·출산·양육·교육비용 등은 임금보다 빠른 속도로 증가하고 있기 때문이다. 특히 가족 형성과 유지의 경제적 부담은 저소득층일수록 크며, 혼인·출산 선택은 개인의 자발적 선택이 아니라 사회 양극화의 영향을 받는 구조화된 선택이 되고 있다.

이를 두고 2019년 노벨 경제학상 수상자 마이클 크레이머 하버드대 경제학과 교수는 2020년 1월 6일 중앙일보와의 인터뷰에서 "저출산이 한국 경제의 최대 위협이다"라고 지적했다.

세계적으로 유독 한국의 출산율은 극단적으로 떨어지고 있으며, 당장 10년, 20년 뒤부터 부작용이 속출할 것으로 우려했다. 노동인구 감소, 소비력 저하 등은 말할 것도 없으며 가장 걱정되는 부분으로 미래 기술의 진보를 이끌 인재의 감소를 꼽았다. 한국은 인재 육성으로 성장한 경제인데 저출산으로 새로운 인재가 더는 유입되지 않는다면, 한국 경제에 가장 큰 위협이 될 수 있다고 경고했다.

① 청년실업

정부 통계에 의하면 2018년 기준 청년실업이 9.5%라고 하는데, 체감실업률은 23% 정도 된다. 청년 4명 중에 하나가 실업상태인 것이다.

우리나라 전체 실업자 가운데 20대 후반이 차지하는 비중도 OECD 36개 회원국 가운데 최고 수준이다. 2020년 1월 OECD 통계에 따르면 2018년 한국 전체 실업자에서 25~29세 실업자가 차지하는 비중은 21.6%로 OECD 36개 회원국 가운데 가장 높다. 2012년 이후 7년 동안 실업자 가운데 20대 후반의 비중이 OECD 1위를 차지하고 있다. 미국의 13.0%, 일본의 12.6%의 2배에 가까운 수치로서, 2010년 모라토리엄 위기로 IMF 구제금융까지 받은 그리스와 슬로베니아의 비중 20.8%보다 더 높다는 점에서 심각성이 대두된다. 우리나라 15세 이상 인구 가운데 20대 후반은 7.8%에 불과하지만, 실업자 5명 중 1명은 20대 후반일 정도로 청년실업 문제는 중대한 기로에 서 있다. 20대 후반에서 30대 중반을 흔히 결혼 적령기라 한다. 직업이 없는 상태에서 어떻게 연애를 하고 결혼을 꿈꾸고 2세를 계획할 수 있을까?

② 저임금과 비정규직

취업을 한 근로 상태라 하더라도 비정규직인 경우가 많다. 대한민국 근로자 3명 중에 1명이 비정규직이거나 일용직인 현실은 결혼과 출산을 피하게 되는 원인이 된다.

2019년 임금근로자 2,055만 9천명 가운데 한시적, 시간제, 비전형 등의 비정규직이 748만 1천명으로 전체 임금근로자의 36.4%를 차지한다. 비정규직의 근속기간은 29개월로 정규직의 3분의 1 수준에 불과하다. 사회보험 가입률도 국민연금 37.9%, 건강보험 48.0%, 고용보험 44.9%로 절반 이하 수준에 머물러 있으며, 월평균 임금은 172만 9천 원으로 정규직의 약 55%밖에 되지 않는다.

직업을 구해도 저임금일 경우가 많아서 생활이 빠듯하다. 통계청의 '2019년 상반기 지역별고용조사 취업자의 산업 및 직업별 특성('19.10.)'에서 임금수준별 임금근로자 비중을 살펴보면, 전체 임금근로자 2,030만 1천 명 중 100만 원 미만은 9.7%, 100만 원 이상 200만 원 미만은 24.3%로 200만 원 미만 근로자가 34%, 690만 2천 명이다. 이런 상황에서는 미래를 꿈꾸고 설계할 수 없다.

저임금은 살아갈 희망이 없도록 만드는 직접적인 원인이다. 그래서 최저 임금을 계속 적정선까지 높이려는 것이다. 시간당 만 원의 임금을 지급한다면, 하루 8시간, 한 달 25일 근무하여 최소한 200만 원은 보장이 되어야 기본 생활이 될 수 있다.

③ 높은 주거비용

우리나라의 주거비용은 매우 높은 편이다. 집값은 계속해서 오르고, 많은 신혼부부들이 신혼집을 마련하려고 대출을 받아 그 빚을 갚기 위해 등골이 휘고 있다. 이처럼 주거비용이 청년세대의 근로소득으로 감당할 수 있는 수준을 넘어선 지 오래다. 보건사회연구원이 펴낸 '2018년 전국 출산력 및 가족보건·복지 실태조사' 결과를 보면 최근 신혼부부의 초기 주거비용이 혼인으로의 생애 과정 이행을 가로막는 주요 원인이 되고 있음을 짐작할 수 있다.

신혼 주거 비용이 증가하는 것은 전세로 신혼 주거를 시작했다는 응답에서 확인된다. 초혼 시 전세 보증금이 1억 원 이상 들었다는 비율이 66.4%로 가장 보편적인 유형이 되었다.

하지만 불과 10여 년 전까지도 이 정도의 전세금을 지불한 경우는 20%에도 미치지 못했다. 게다가 2014~2018년 결혼한 청년세대 부부의 50.2%가 결혼 당시 신혼집을 마련하고자 대출을 받았다. 1998년 이전 결혼한 부모 세대는 1억 원 이상 대출받은 경우가 1%에 미치지 못했지만, 2014년 이후 결혼 청년세대는 37.7%까지 높아졌다. 게다가 주거 안정성이 상대적으로 떨어지는 보증부 월세와 사글세를 포함한 월세로 신혼생활을 시작한 경우도 청년세대에서 16.5%로 역대 최고치를 기록했다. 국토교통부의 '2017년도 주거실태조사 결과'에 따르면 청년세대를 포함한 전체 가구의 66%가 임대료 및 대출금 상환에 부담을 느끼고 있으며, 지역별로는 수도권 거주 가구가 부담을 더 크게 느끼고 있고, 점유 형태별로는 월세 가구의 부담이 가장 큰 것으로 나타났다.

실제로 주거비용을 포함한 혼인비용에 얼마나 많은 부담을 느꼈는지 알아보니, 청년세대로 올수록 부담됐다는 응답 비율이 증가했다. 결혼비용이 부담됐다는 응답 비율은 1998년 이전 결혼한 여성 38.8%, 1999~2003년 결혼한 여성 41.6%, 2004~2008년 결혼한 여성 44.2% 등에 그쳤으나, 주택 비용과 전세보증금이 폭등했던 2009~2013년 결혼한 여성은 51.3% 등으로 오르더니 청년세대(2014~2018년 결혼)로 와서는 절반이 넘는 54.4%에 달했다.

이러한 주거부담은 대출 상환 및 주거 안정성 악화로 이어지고 결혼 이후에도 계속적인 부담으로 작용하여 신혼부부들의 출산을 가로막는 지속적 장애요인으로 작용하고 있다.

국토교통부의 '2017년도 주거실태조사 결과'에 따르면 응답
자의 82.8%가 내 집을 꼭 마련해야 한다고 했다. 하지만 서울과
수도권 아파트 평균 매매가는 각각 8억 1천400만 원과 4억 9
천700만 원으로 나타났으며, 이는 대출 없이 내 집 마련이 쉽지
않음을 말한다.

2018년 자가가구의 연 소득 대비 주택 구입가격 배수^{PIR,}
^{Price Income Ratio}는 전국 기준 5.5배로 2006년 이후 계속해서 상
승하고 있다. 5년 반 동안 꼬박 돈을 모아야 주택을 구입할 수
있는 것이다. 소득계층별로 살펴보면 저소득층의 PIR은 8.3배
로 중소득층 5.2배, 고소득층 4.8배에 비해 높게 나타났으며,
양극화와 맞물린 저출산의 현실을 보여 준다.

한편, 2018년 기준으로 가구주가 된 이후 생애 최초 주택을
마련하는 데 소요된 기간은 평균 7.1년으로 혼인 후 내 집 마련
이 쉽지 않음을 보여 준다. 주거 부담은 청년세대가 결혼하는
데 가장 큰 걸림돌이 될 뿐 아니라 이자 납부와 대출상환 등으

로 결혼하고서도 계속해서 부부의 삶을 짓누르면서 출산을 가로막는 지속적 장애 요인으로 작용한다.

2018년 1월에 나온 통계에 의하면 서울 시내에서 아파트 평균 전셋값은 4억 5천이다. 최저 임금 1만 원이 적용되어 200만원의 급여를 받는다고 할 때 얼마를 모아야 전세를 얻을 수 있을까? 보건사회연구원 통계에 의하면 서울 시내에 있는 사람이 융자를 받지 않는다는 것을 전제로 하면 부부가 28년 6개월을 벌어야 전세를 얻을 수 있다고 한다. 그러면 전세를 얻고 안정을 찾은 후 아이를 낳게 되면, 30세에 결혼한 경우 58세에 출산을 할 수밖에 없다는 계산이 나온다. 더 슬픈 현실은 비정규직에게 융자해 주는 금융기관이 없어서 일용직은 아파트 전세를 얻을 수도 없다는 것이다.

④ 감당하기 힘든 양육비용
한국보건사회연구원의 '2018년 전국 출산력 및 가족보건·복지 실태조사(2018.12.)'에 따르면, 자녀수가 1명인 가구의 월평균 양육비는 73만 3,000원, 자녀수가 2명인 가구의 월평균

양육비는 137만 6,000원으로 나타났다. 이 양육비는 어린이집·유치원 이용료, 돌봄 비용, 의복, 장난감, 분유, 기저귀, 육아용품비, 용돈 등이 포함된 액수이다. 1인당 평균 금액은 68만 8,000원으로, 양육비와 보육비가 임금과 연동되는 점을 감안할 때, 저임금 상태에서 2명의 아이를 키우는 것은 정말 어려운 일이다.

국회예산정책처의 '저출산대책평가[정책환경](2016.12.)'에 따르면, 2012년 출생한 자녀의 1인당 고등학교 졸업까지의 양육비 총액은 평균 1억 6,760만 원으로 추정되었다. 이는 1990년 1억 23만 원에 비해 67.2% 증가한 것이며, 최근 태어난 아이일수록 양육비 분담 수준의 격차가 커지고 있다.

1990년 상위 10% 가구의 자녀 1인당 양육비 대비 하위 10% 가구의 1인당 양육비 격차는 약 1억 5,500만 원이었으나, 2012년에는 약 2억 5,100만 원으로 상층과 하층 양육비의 차이가 점점 더 벌어지고 있는 현실이다.

또한 아이가 커갈수록 사교육과 공교육 비용이 증가하고 돌봄 비용이 감소하는 경향이 있다고 하는데, 자녀 양육비에서

의복, 장난감, 분유, 기저귀, 육아용품비, 용돈 등과 같은 필수 비용을 제외하고 가장 큰 비중을 차지하는 것은 역시 공교육비(등록금, 방과 후 학교 등)와 사교육비(학원, 학습지, 과외비 등)인 것으로 나타났다.

⑤ 등골 휘는 사교육 비용

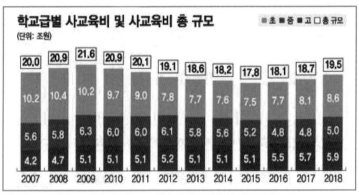

학교급별 사교육비 및 사교육비 총 규모
(단위: 조원)   ■초 ■중 □고 □총 규모

	2007	2008	2009	2010	2011	2012	2013	2014	2015	2016	2017	2018
총 규모	20.0	20.9	21.6	20.9	20.1	19.1	18.6	18.2	17.8	18.1	18.7	19.5
고	10.2	10.4	10.2	9.7	9.0	7.8	7.7	7.6	7.5	7.7	8.1	8.6
중	5.6	5.8	6.3	6.0	6.0	6.1	5.8	5.6	5.2	4.8	4.8	5.0
초	4.2	4.7	5.1	5.1	5.1	5.2	5.1	5.1	5.5	5.5	5.7	5.9

*출처: "작년 사교육비 20조 육박…초등생 8.6조 전년비 5.2%↑", 머니투데이. 2019.3.12

2018년 사교육비는 19조 5천억 원으로 집계되었다. 높은 사교육비는 대부분의 부모들에게 큰 부담감과 두려움으로 다가온다. 사교육비에는 장학금 제도도 거의 없다. 이는 당연히 출산을 주저하게 만드는 원인이 된다.

그럼에도 불구하고 사교육 시장은 점점 커지고 있다. 2019년

3월 12일 교육청·통계청이 발표한 '2018년 초중고 사교육비 조사' 결과에 따르면 2018년 사교육비 총액은 19조 5,000억 원으로 나타났다.

2018년 초·중·고교생 수는 558만 4,249명으로 2017년 572만 5,260명보다 14만 1,011명(2.5%)이나 줄었는데도 사교육 시장은 더 커진 셈이다. 보다 구체적인 분석에 의하면 초등학생은 8조 6천억 원, 중학생 5조 원, 고등학생 5조 9천억 원으로 나타나고 있다. 2019년도 비정규직 근로자(748만 1천 명)의 교육 정도는 고졸이 327만 명(43.7%)으로 가장 많다. 중졸 이하 166만 7천 명(22.3%)까지 합하면 고졸 이하가 493만 7천 명(66.0%)을 차지한다.

교육부와 한국교육개발원의 'OECD 교육지표 2018' 분석 결과(2018.9.) 2016년 기준 한국 성인(25~64세)의 학력별 임금을 살펴보면, 대졸자와 대학원 졸업자는 OECD 평균보다 높고, 고졸자와의 임금격차 역시 OECD 평균보다 큰 것으로 조사되었다.

구분	중졸 이하	고졸	전문대졸	대졸	대학원졸
한국	72	100	116	149	198
OECD 평균	78	100	123	144	191

교육은 학벌사회와 대학 서열체제라는 사회구조 속에서 상위의 학벌, 상위의 대학 진학을 위한 경쟁 기제로 유발된다. 교육은 세대 간 불평등을 재생산하는 주요 기제이자 가계의 가장 큰 경제적 부담요인이며, 학력 격차는 곧 일자리·임금 격차로 이어지고 있다.

이러한 악순환의 저출산 문제를 극복하려면 어떻게 해야 할까? 이 문제를 극복하고 있는 선진국의 경우, 학업성적이 우수하지 않더라도 성실한 근로활동을 영위하면 생애 전 주기적으로 안정적인 수준의 소득을 확보할 수 있도록 사회 시스템을 잘 운영하고 있다. 우리는 이러한 시스템과 사회적 제도를 배우고 우리 사회에 적절히 적용하는 시도를 계속해야 저출산의 문제를 해결할 수 있을 것이다.

⑥ 소득 양극화

2015년 12월 한국노동경제학회의 노동경제논집에는 '왜 결혼이 늦어지는가'라는 흥미로운 논문이 소개되었다. 저자 김성준은 경제력과 관련해서 남성 취업자는 미취업자에 비해 결혼하지 않을 확률 대비 결혼할 확률이 1.65배 높아지고, 직업이

상시직이면 상시직이 아닌 경우에 비해 결혼하지 않을 확률 대비 결혼할 확률이 1.60배 높아진다고 분석했다. 그렇다. 소득 양극화는 결혼 양극화로까지 이어지고 있었다.

2016년 11월, 김유선 한국노동사회연구소 선임연구위원의 이슈페이퍼 '저출산과 청년 일자리'는 20-30대 임금노동자들의 성별 임금수준별 기혼자 비율을 살펴보았다. 남성은 임금수준이 가장 낮은 하위 10%는 기혼자 비율이 6.9%로 가장 낮고, 임금수준이 가장 높은 상위 10%는 기혼자 비율이 82.5%로 가장 높았다. 여성의 경우 하위 10%에서 40%까지의 혼인율이 각각 42.1%, 43.3%, 30.8%, 28.1%로 하위 40%의 혼인율이 가장 낮았다. 이후에는 임금수준이 높을수록 기혼자 비율도 상승하여 상위 20%와 10%는 각각 혼인율 68.1%, 76.7%를 기록했다. 즉 남녀 모두 혼인과 임금수준 사이에 높은 상관관계를 보이고 있었다.

사회계층별로 불균형적으로 나타나고 있는 혼인·출산의 양극화에 대응하기 위해 소득 및 일자리에서의 불평등 교정과 고용안정성 제고가 하루빨리 이뤄져야 할 것이다.

사회 문화적 측면의 원인 |||||||||||||||||||||||||

여성의 교육 수준과 경제활동 참여 비율이 높아진 현대에 출산은 여성의 사회 진출을 막는 요소로 인식되고 있다. 더군다나 가사분담도 제대로 이루어지지 않아서 일하는 여성은 직장 생활과 육아와 살림을 동시에 다 해내야 하는 슈퍼우먼의 압박감에 시달리게 된다. 더불어 경제적 불안감과 자녀 양육비 부담도 한몫을 하고 있다. 이러한 이유로 여성들은 점점 더 결혼을 미루고, 출산을 기피하게 되고, 사회는 저출산이 심각해져 여러 사회 문화적인 분야에서 문제를 일으키고 있는 것이다.

① 일과 가정의 양립의 어려움

아이를 키우면서 직장을 다닌다는 것은 결코 쉬운 일이 아니다. 특히 육아를 여성의 몫으로 인식하고 있는 사회 풍토 속에서 여성은 직장 생활과 육아를 도맡아 하고 있다. 이러한 여성의 독박 육아는 출산을 꺼리게 하는 이유가 된다.

일과 가정의 양립은 근로자가 자녀의 출산과 육아에 어려움 없이 일과 가정생활을 조화롭게 수행할 수 있는 상태를 말하는 것으로, 여성의 경제활동 증가와 저출산 현상의 심화에 따라 무엇보다 중요한 이슈로 떠오르고 있다.

2018년 7월 15일 한국은행이 발간한 《해외경제 포커스》에 따르면 한국의 지난해 기준 평균 연간 노동시간(2,024시간)은 OECD 평균(1,759시간)과 주요국들보다 압도적으로 많았다. OECD에 가입된 37개국 가운데 멕시코(2,257시간)와 코스타리카(2,179시간)에 이어 3위에 올랐다. 미국(1,780시간), 일본(1,710시간), 영국(1,681시간), 프랑스(1,514시간), 독일(1,356시간) 등 OECD 주요국 모두 한국보다 일을 덜했다.

한국은 OECD 평균보다 265시간을 더 일한 셈인데, 이를 법정 노동시간인 8시간으로 나누면 33일 더 일했다는 계산이 나온다. 특히 한국은 장시간 일하는 근로자의 비중도 압도적으로 높게 나타났다. 일본의 노동정책 연구·연수기구勞働政策研究·研修機構가 지난 2016년 기준 주 49시간 이상 근무하는 근로자의 비중을 분석한 결과, 한국(2015년)이 전체 근로자의 32%를 차지해 주요국보다 높게 나타났다. 이런 결과는 근로자 3명에 1명꼴이 과로라는 예측으로 이어진다.

통계청이 발표한 '2018 일·가정 양립 지표'에 따르면 일과 가정의 양립 가능성에 대한 인식과 관련한 항목 중 일하는 것이 삶의 보람과 활력을 준다고 생각하는 여성의 비율이 93.5%로 대단히 높게 나타났다. 일을 함으로써 가정생활도 만족한다고 생각하는 여성이 88.9%, 식구들한테 더 인정받을 수 있다고 생각하는 여성이 88.3%를 차지했다.

그러나 '2018년 전국 출산력 및 가족보건·복지 실태조사' 자료를 바탕으로 분석한 한국보건사회연구원의 '일·가정 양립 실태와 정책 함의'를 보면 취업 여성이 임신 후 다음 임신 전까지 하던 일을 그만두고 다른 일을 했거나 일을 하지 않은 비율은 첫째 자녀의 경우 65.8%, 둘째 자녀의 경우 46.1%로 나타났다. 하던 일을 그만둔 시기는 임신 후 출산 전까지가 가장 많았다. 임금근로자의 출산전후 휴가 이용률은 첫째 자녀 40%, 둘째 자녀 64.4%로 나타났으며, 육아휴직 이용률은 첫째 자녀 21.4%, 둘째 자녀 35.7%로 나타났다. 그러나 이는 당시 직종과 종사상 지위, 직장 유형에 따라 큰 편차를 보인다.

이러한 경력단절을 유발하고 사회에서 낙오될지도 모른다는 불안감이 여성의 출산과 고용을 저해하고 있다. 모든 근로자가 일과 가정을 양립할 수 있을 때 저출산 문제와 여성 고용 문제 해결의 실마리를 찾을 수 있을 것이다.

② 독박육아

2017년 7월 발표된 고용노동부의 '자녀를 둔 부모의 고용 상황' 분석 자료에 따르면 우리나라 남성의 가사분담률은 16.5%로 OECD 국가 중 최하위 수준이며, OECD 국가의 평균 남성 가사 분담률인 33.6%의 절반도 안 되는 것으로 나타났다.

우리나라는 통계가 잡힌 국가들 가운데 유일하게 하루 평균 남성의 가사노동 시간이 1시간 미만으로 45분에 불과했다. OECD 평균 남성 가사노동 시간은 138분이었다. 반면 한국 여성은 하루 평균 남성의 5배가 넘는 227분을 가사노동에 할애했다. 아이 키우기 좋은 사회를 위해선 아빠의 적극적인 가사 참여와 더불어 장시간의 경직적인 근로 관행을 개선할 필요가 있다.

■ 남자 ■ 여자

주요국 남녀 가사노동시간

국가	남자	여자
한국	45	227
인도	52	352
일본	62	229
프랑스	143	233
스웨덴	154	207
캐나다	160	254
미국	161	248
노르웨이	184	215

2016년 서울시여성가족재단의 '기혼여성의 재량시간 활용과 시간관리 실태연구' 보고서에 따르면 맞벌이 부부 중 아내가 가사노동에 사용하는 시간은 하루 평균 3시간 27분으로 남편의 58분보다 3.6배 많은 것으로 조사됐다. 여성이 경제 활동을 전담하는 경우에도 여성의 가사노동 시간이 평균 2시간 39분으로 남편의 평균 1시간 39분보다 1시간 많았다.

두 결과를 종합하면 연령대를 불문하고 여성은 하루 3시간 가까이 집안일을 하고 전체 집안일의 80% 이상을 도맡아 한다는 뜻이다. 하루 평균 돌봄 노동 시간 역시 남편은 43.1분, 아내는 약 1시간 18분으로 가사노동보다는 덜했지만 여전히 두 배 가까이 차이가 났다. 통계청이 발표한 '2018 일·가정 양립 지표'에 따르면 2010~2017년 기간 동안 7세 이하의 자녀를 가진 임금근로자 중 육아휴직 사용률은 모^母가 38.3%이며, 부^父는 1.6%로 나타났다. 여전히 우리 사회는 육아를 여성의 부담으로만 남겨두고 있는 것이다.

③ 가치관의 변화

통계청이 발표한 '2018년 한국의 사회지표'를 보면 결혼을 반드시 해야 한다고 응답한 미혼남녀의 비율은 48%로 나타나고 있다. 이는 2016년 51.9%보다 크게 낮아진 수치로 가족이나 혼인 그리고 출산과 육아에 대한 패러다임이 바뀌고 있음을 보여준다. 결혼은 필수가 아닌 선택사항이 된 것이다. 이러한 세태를 반영하듯 미혼 남자는 36.3%, 미혼 여성은 22.4%만 결혼은 필수라고 응답하고 있다.

한국보건사회연구원이 '2018년 전국 출산력 및 가족보건·복지실태'를 분석한 자료를 보면, 결혼을 해서도 자녀는 필수라고 생각하는 기혼여성은 2명 중 1명에 불과했다. '자녀는 꼭 있어야 한다'라고 응답한 기혼여성(15~49세)은 49.9%였으며, 없어도 무관하다고 응답한 기혼여성은 16.9%였다. 자녀가 없어도 된다고 응답한 여성에게 그 이유를 물었더니 경제적, 사회적 요인과 함께 '자녀가 있으면 자유롭지 못할 것 같아서'가 16.2%, '부부만의 생활을 즐기고 싶어서'가 15.6%로 가치관의 변화에 따른 요인도 높게 나타났다.

참고로 자녀가 없어도 무관하다는 이유를 보면 경제적 요인이 35.4%, 사회적 요인이 25.3% 등의 순으로 나타났다.

3장

저출산의 해법

저출산, 어떻게 대비해야 할까? ||||||||||||

저출산을 막으려면 어떻게 해야 할까? 결혼하고 싶고 아이도 낳고 싶지만 그럴 수 없는 젊은이들을 위한 획기적인 대책이 필요하다. 우선 젊은 층과 어린이들의 환경을 적극적으로 개선해 주어야 한다. 아이를 낳고 키우는 것이 비단 부모만의 책임이라고 할 수 있을까? 저출산의 원인과 대책을 논하기 전에 먼저 아이의 돌봄을 사회 전체의 의무로 생각하는 관점이 필요하다. 결혼해서 아이를 낳으면 국가가 책임질 테니 아무 걱정하지 말라는 믿음을 심어주어야 하는 것이다.

스웨덴 아동정책의 캐치프레이즈가 매우 인상적이다.

"모든 아이는 모두의 아이."

스웨덴 복지 정책의 이념은 "국가는 모든 국민의 집"이고, 아동 정책의 근본이념으로 "국민의 집에 거주하는 모두의 아이"라는 인식을 공감하게 되면서 "모든 아이는 모두의 아이"라는 표어를 만들게 되었다고 한다. 스웨덴에서 태어나는 모든 아이들은 그들 부모만의 아이가 아니라 사회 전체의 아이이므로 우리 모두가 책임져야 한다는 공동체 의식이 담겨 있다. 그러므로 아이는 부모가 아니라 국가가 책임져야 한다.

우리 아이들은 사회적 자산이고 기둥이다. 제대로 된 인력 양성에 드는 비용을 부모에게만 지워서도 안 되며, 아이들 돌봄이 부모의 조건에 따라 제약되어서도 안 된다. 이제 국가가 나서야 한다. 국가가 보다 근본적으로 저출산 문제를 해결해 나가야 하는 것이다. 특히 저출산 문제는 중앙 정부와 지자체가 유기적인 협력을 통해 경제적 지원책뿐만 아니라 지역주민들의 삶의 질을 향상시키고 미래 세대를 위한 문화를 개선하는 적극적인 노력이 동반되어야 한다.

저출산 위기 경보에 따라 정부도 여러 대책들을 내놓고 있지만, 아직은 큰 실효를 거두지 못하고 있다. 아이 낳기 캠페인을 통해 출산장려금을 지원해도 출산율은 좀처럼 오르지 않고 있다. 최근에는 지자체별로 신혼부부용 주택을 제공하기도 했는데, 근본적인 저출산 극복 방법에는 미치지 못하고 있다.

대한민국 존립 자체를 뒤흔들 수 있는 저출산의 문제를 우리는 결코 간과해서는 안 된다. 아기 울음보다 사망을 슬퍼하는 울음을 더 자주 듣게 되는 사회가 되어서는 안 된다. 시급히 사회 전반적인 대책과 정부 및 지자체의 실행이 이루어져야 한다.

출산이 사회문제가 될 수 있는 것은 그것이 우리 사회 모습을 종합적으로 이해하고 판단하는 지표가 될 수 있으며, 출생아 수의 감소는 다양한 사회 변화를 야기할 수 있는 요인이 되기 때문이다. 하지만 엄밀히 말해 출산은 개인 선택의 문제이지 정부가 개입하여 풀기는 어려운 일이다. 즉 출산이라는 개인 생애사적인 사건에 정부가 개입하여 지원한다고 해서 개인의 선택을 쉽게 변화시키기는 어렵다는 것이다.

그러나 다른 한편으로 볼 때, 저출산의 문제는 우리 사회의 영속성 내지는 공동체의 파괴 또는 소멸까지 불러오는 요인이 될 수 있다는 점에서 개인의 선택 문제로만 치부할 수도 없는 것이 사실이다. 어떻게든 극복하고 변화시켜야 한다는 당위성을 내포하고 있다는 것이다.

특히 그것이 출산을 간절히 원하고 있음에도 불구하고 이를 어렵게 하는 요인이 있는 경우라면 더욱 그렇다. 그런 측면에서 원하는 자녀 출산을 어렵게 만드는 장애물을 제거하는 것은 개인의 선택 사항을 넘어 국가의 역할이라고 할 수 있다.

다시 말해 국가가 개인에게 선택을 강요해서는 안 되지만 선택하고 싶은 항목을 다양하고 풍부하게 만들어 주는 것은 필요하다는 것이다. 이를 위해 자녀 출산과 양육을 위한 필요 충분조건을 갖추어 주는 것, 이것은 매우 중요한 일이라 하겠다.

경제협력개발기구OECD에서 펴낸 'OECD 주요국 출산율 동향과 정책적 시사점'이라는 보고서에 의하면 출산장려금 등 직접 소득 이전 정책은 출산율 재고에 긍정적 영향을 주더라도 그효과가 미미하거나 일시적인 것으로 파악되고 있다. 또한 장기간 출산휴가, 육아휴직 역시 출산율 상승에는 긍정적인 영향을 미치기는 하지만 큰 해결책은 되지 못하고 있다. 출산 문제 해결에 거액을 쏟아부었지만 돈을 조금 더 준다고 출산율이 오르지는 않으며, 단순 복지 일변도의 정부 정책으로는 부족하다고 판단되는 것이다.

오히려 자녀 보육을 보장하는 사회구조를 만들어 내는 것이 더 중요하다. 직접적으로 출산을 장려하기보다는 고용, 보육 등의 지원을 통해 여성의 출산에 따르는 기회비용을 감소시키는 것이다. 다시 말해 취업-혼인(주거)-출산-보육-교육-취업의 생애 주기 사이클에 따라 교육부터 노동시장까지 사회 구조를 모두 아우르는 포괄적 대책이 있어야 정상적인 출산율 회복이 가능하다는 말이다.

제도적 접근 ||||||||||||||||||||||||||||||||||||||

우리나라의 경우, 현재 대통령 산하에 저출산고령사회위원회가 꾸려져 출산정책을 세우고 추진하는 일을 하고 있다. 보건복지부도 인구 정책을 세우고 저출산 문제를 해결하기 위해 애쓰고 있다.

하지만 보건복지부가 단독으로 교육, 주거, 복지, 경제 등 인구 정책 관련 정부 조직들을 총괄하기에는 한계가 있다. 또한 단순히 영유아 복지정책으로는 저출산 문제를 해결할 수 없다. 궁극적으로 경기회복과 교육제도의 개선, 일하는 여성에 대한 배려 등 사회 전반적인 분위기가 달라지지 않는 한 광범위하게 정착된 저출산 문화를 바꾸기에는 역부족이다.

이런 점에서 저출산 문제를 해결하기 위해서는 강력한 컨트롤 타워가 필요하다. 정부 조직과 체제를 강화시켜 결혼과 출산에 대한 가치관과 태도 변화를 주도하고, 인구 정책 컨트롤 타워가 이해집단이나 선거 포퓰리즘에 휘둘리지 않고 독립적으로 정책을 추진할 수 있는 기반을 마련해 주어야 한다. 이렇게 해야 단기적 처방책과 함께 장기적인 출산친화적인 환경을 조성해 나갈 수 있다.

일례로 싱가포르는 사회가족개발부 산하 사회개발네트워크 Social Development Network라는 정부기관이 미혼남녀의 만남부터 결혼에 이르는 과정을 주도하고 공인된 민간 데이트 알선 업체들을 연결하여 결혼 붐을 조성하는 데 전력하고 있다. 주택 지원 사업으로 주문식 아파트를 구매하는 생애 최초의 신청자들에게 우선권을 주고, 신혼부부들에게는 주택 마련 보조금CPF Housing Grants을 통해 공공 주택 구매 시 지원도 하고 있다.

일본이 취한 저출산 현황과 그에 대한 대응도 눈여겨볼 필요가 있다. 일본의 인구는 1970년경에 최초로 1억 명을 돌파했다. 하지만 2008년을 정점으로 계속 감소하고 있으며 2050년경에는 1억 명을 밑돌 것으로 전망하고 있다. 1989년 출산율이 1.57명으로 곤두박질하자 일본은 큰 충격에 빠졌고, 1991년 '엔젤 플랜'이라는 저출산 기본계획을 세웠다. 이 역시 20년 동안 시행했으나 큰 효과를 보지는 못했다.

과거 20년 동안 출산율을 높이려다 실패한 일본은 낮은 출산율이 수년째 계속되자 두 번째 정책인 '1억 총 활약 플랜'을 통해 사회 시스템을 통째로 바꾸는 작업에 돌입했다.

아베 내각은 2015년 10월 '1억 총 활약 담당상' 직책과 조직을 신설하여 2016년 5월 '1억 총 활약 플랜'을 발표했다. '1억 총 활약'은 2015년 10월 출범한 제3차 아베 내각(제1차 개조)의 캐치 프레이즈다. '1억 총 활약 사회'는 50년 뒤에도 일본 인구 1억 명을 유지하고, 여성과 노령자를 포함한 1억 명이 모두 활발하게 경제활동에 참여할 수 있는 사회를 만들겠다는 의미다.

이는 '1억 총 활약 사회'를 만들기 위한 액션플랜으로 2015년부터 약 8개월 동안 정부 관계 부처 대신과 학자 등으로 구성된 '1억 총 활약 국민 회의(의장 : 아베신조)'에서 8차례 논의를 거쳐 완성했다.

플랜의 핵심은 '새로운 3개의 화살(아베노믹스 2단계)'로 제1화살은 '희망을 만드는 강한 경제(목표=총국내생산 600조엔)', 제2화살은 '꿈을 창조하는 육아지원(목표=출산율 1.8)', 제3화살은 '안심으로 연결되는 사회보장(목표=병간호 이직 제로)'이다. 이를 통해 합계출산율을 1.4명에서 1.8명으로 올려 50년 후에도 인구 1억 명을 유지하는 게 목표이다.

또한 소비 및 생산성을 향상시켜 경제 성장과 복지 향상으로 연결되는 선순환·상승효과를 꾀하는 것도 있다. 과거의 3개 화살에 비해 성장전략의 내용이 경제·금융에서 사회복지 쪽으로 전환했다는 것이 특이점이다. 여기서 과거 3개의 화살이란 아베노믹스 1단계인 금융완화정책, 재정정책, 성장전략을 의미한다.

이와 같은 일본의 강력한 의지와 컨트롤 타워 존재에 비해 우리나라의 경우, 보건복지부와 대통령 직속 기관인 '저출산 고령사회위원회'가 저출산 문제를 다루고 있지만, 아직 정책 추진력이 떨어진다는 평가를 받고 있다. 2006년부터 2017년까지 역대 정부들은 출산율을 높이기 위해 애썼고, 자그마치 126조 4,720억 원이라는 재정을 투입했다. 하지만 그 결과 현재 미흡한 것으로 나타나고 있다. 보다 강력한 컨트롤 타워가 필요하다.

경제적 접근 ||||||||||||||||||||||||||||||||||||

① 양질의 일자리 창출

저출산의 위기를 해결하기 위해서는 경제적인 안정이 급선무이다. 직업, 주거, 양육, 교육의 개선이 필요한 것이다.

'2015 전국 출산력 및 가족보건복지 실태조사' 분석 결과에 의하면, 소득 수준이 낮은 단계에서는 가구 소득 수준의 증가에 따라 평균 출생아 수도 급격하게 증가하는 것으로 나타났다. 가구 소득 수준에 따라 평균 출생아 수가 증가하는 것은 가처분소득의 증가로 자녀 양육의 경제적 부담이 줄어들어 상대적으로 많은 출산을 하게 되는, 이른바 소득효과income effect에 기인하는 것으로 해석된다. 따라서 저소득층의 경우 가처분 소득을 높여 주기 위한 직·간접적인 경제적 지원이 필요하다.

② 주거복지 실현을 위한 공공임대주택

저소득층과 청년들의 주거 해결 문제는 끊임없이 사회적 문제로 제기되고 있다. 주거가 없어서 결혼을 못하고 그것이 결국 출산율 저하로 나타나 종국에는 국가 경제가 저성장의 터널로 빠지는 악순환이 반복되고 있는 것이다.

우리나라는 주택이 양적으로 부족하지 않고, 평균적인 주거의 질 또한 점점 높아지고 있는데 반해, 무주택 서민·실수요자들은 내 집 마련이 어려워 전월세 주택을 전전하며 불안정하게 살고 있다. 한마디로 주거 안정성이 취약한 것이다.

그간 공공임대주택이 확대되었으나, 장기공공임대주택 재고율(6.4%)은 OECD 평균(8%) 이하이며, 청년·신혼·고령층에 대한 맞춤형 임대주택이 부족하고, 지자체·민간과의 협력이 미흡하여 주거 복지망 구축에 한계를 드러내고 있다. 사회주택(공공임대주택) 확대를 통해 취업→결혼(주거)→출산으로 이어지는 주거 사다리의 마련이 필요한 이유이다.

사회주택(공공임대주택)은 공공·민간·비영리조직 등 다양한 주체에 의해 공급·관리되는 공공성이 강한 주택으로서 일반적으로 공공주택을 포함하는 개념으로 통용되고 있다. 사회주택 비중이 높은 선진 유럽 5개국(네덜란드, 오스트리아, 덴마크, 영국, 프랑스)은 사회주택 보급을 통해 세대간·계층간 사회통합을 이루고 있다.

2018년 주택금융연구원에서 펴낸 유럽국가의 사회주택 현황과 시사점에 의하면 네덜란드, 오스트리아 등의 유럽 국가들은 사회주택 정착을 위해 관련 법령 등을 제정하였고, 제도적 장치 하에 사회주택 공급자 및 수요자를 지원하는 체계를 마련했다. 특히 네덜란드는 주택법 제정을 통해 중앙 정부 차원에서 사회주택 사업자에게 재정적 지원을 함으로써 비영리단체 (주택협회 등)를 중심으로 한 사회주택 공급의 초석을 마련했다.

* 보급률: 한국 6.4%, 미국 4.3%, 일본 3.8%

	네덜란드	오스트리아	덴마크	프랑스	영국
보급률	34%	26%	22%	19%	18%
공급물량	248만 호	89만 호	61만 호	540만 호	494만 호

*출처: 임병권, 강민정, 장한익, 김병국, 사회주택의 국내·외 사례분석과 금융지원 방안 연구, 한국주택금융공사, 2018.4.30

한국주택금융공사의 '유럽 국가의 사회주택 현황과 지원 정책에 관한 사례연구 (2017.11.)'에 따르면 사회주택은 일정부분 민간 자본을 활용하므로 공공부문의 재정지출을 절감하면서 임대주택 공급이 가능하다. 시행자는 공공으로부터 토지 임차,

자금 융자, 조세 감면 등의 혜택을 통해 사업비 부담을 절감할 수 있다.

임차인은 시세보다 저렴한 임대료로 주거 서비스를 제공받을 수 있어 주거안정 효과를 향유할 수 있다. 또한 민간임대 주택에서 발생할 수 있는 빈번한 이주, 임대인과의 갈등, 임대료의 상승으로 인한 주거불안을 상당 부분 해소할 수 있다는 것이 장점이다.

국가별 사회주택 공급 주체는 중앙정부, 지방정부, 비영리 단체, 영리단체 또는 영리목적 개인 등 다양하다. 사회주택 비중이 높은 네덜란드, 오스트리아, 덴마크, 프랑스, 영국 등의 상위 5개 국가의 경우 중앙정부 주도의 직접 공급보다는 지방 정부나 비영리 단체를 중심으로 한 공급 비중이 높은 것이 특징이다.

우리나라도 민·관 협력을 토대로 한 사회주택 모델을 도입하고 실효성 있는 정책지원 방안을 모색해 볼 필요가 있다. 이를 통해 국가 차원에서의 정책적·제도적 지원체계 구축을 돕고 사회주택 활성화를 이뤄 국민의 주거복지 향상을 끌어내야 하는 것이다.

국토교통부의 2018년도 주거실태조사(2019.5.) 결과 공공임대주택에 거주하고 있는 가구 중 92.6%가 만족한다고 응답했다. 만족하는 이유로는 '저렴한 임대료(50.4%)', '자주 이사를 하지 않아도 되므로(40.0%)'순으로 나타났다. 주거부담 감소와 주거안정성 강화의 중요성을 보여주는 단적인 예이다.

③ 보육과 공교육의 체질 개선

자녀를 낳아 키우는 일이 버겁게 느껴지지 않도록 공보육 인프라를 확충하고, 종일 보육이 가능하게끔 내실화하여 아이들은 건강하고 행복하게 자라고, 부모는 일과 생활의 균형을 찾을 수 있도록 하는 지원이 필요하다. 질 높은 공공보육시설이 확충되고, 국가가 보육과 양육을 책임지는 사회는 자연스럽게 출산율이 높아질 수밖에 없다.

이와 더불어 교육비에 대한 문제도 짚고 넘어가야 한다. 높은 사교육비에 대한 부담감, 교육의 계층 사다리 기능이 약화된 점, 자녀의 낮은 삶의 만족도 등으로 나타나는 자녀교육 여건이 저출산에 부정적 영향을 미칠 수 있기 때문이다.

사교육은 학벌사회와 대학 서열체제라는 사회 구조 속에서 상위의 학벌, 상위의 대학 진학을 위한 경쟁 기제로 작용한다. 따라서 세대 간 불평등을 재생산하는 주요 기제이자 출산 선택을 앞둔 가구가 가장 큰 부담으로 인식하고 있는 사교육에 대한 적극적인 대응이 필요하다.

저출산 문제 해결을 위한 교육정책은 현재의 지나친 경쟁적·소모적 교육 구조(대입 제도, 대학 서열화)와 학벌 만능주의 사회 구조를 근본적으로 해소·완화하는 데서 출발해야 한다. 정책 수립 과정에서 사교육 시장, 사립대학, 노동계 등 이해 집단에 대한 설득 및 범사회적 공감대를 형성해 나감으로써 정책에 대한 국민 신뢰도를 제고하고, 미래에 저출산 현상이 해소될 수 있도록 노력해야 할 것이다.

국회예산정책처의 '저출산대책평가(2016.12.)'에 따르면, 자녀를 키우는 경제적 부담 및 교육 부담을 줄이려면, 소모적인 교육 경쟁을 유발하는 대학입시제도, 대학서열체제, 학벌사회를 해소·완화시키는 정책 개선이 시급한 것으로 나타났다. 지금의 제도들은 교육의 비효율성, 교육의 불평등, 사회 이동성의 약화,

공교육의 무력화 등을 초래하는 주요 요인이 되고 있다.

한국교육개발원의 '2015 교육여론조사'에 따르면 일반 국민들은 사교육의 근본 원인이 '공교육 불만족'보다 '학력·학벌 중심의 사회구조'에 있다고 인식하고 있었다.

그러므로 대학입시제도는 지식 위주의 평가에서 수학 능력과 소질을 평가하는 방향으로 개선해야 한다. 또한 무한 입시경쟁을 유발할 뿐만 아니라 대학 간 발전적 경쟁을 봉쇄하는 대학서열체제를 완화하여 대학이 선발 경쟁이 아닌 교육 경쟁이 되도록 개선해야 한다. 학벌사회를 개혁하여 학력과 학벌 중심이 아니라 능력 중심의 사회적 보상체계가 정착되도록 합리적 고용기준을 확산해야 한다. 이는 재계, 노동계와 긴밀한 협조체계가 요구되는 사안이다.

학벌사회 구조개혁과 함께 필요한 것은 공교육 정상화이다. 국회예산정책처의 '저출산대책평가(2016.12.)'에 따르면, 공교육의 본래 목적과 기능을 회복할 수 있는 정책방향의 전환이 필요하다고 보았다.

사회 이동성의 약화는 저출산에 상당한 영향을 미칠 수 있다는 점에서 공교육 정책은 사회 이동성을 복원하는 방향으로 가야한다. 즉 '출발선의 평등' 및 '계층 사다리' 기능을 회복할 수 있는 정책적 수단을 선택하는 것이 중요하다는 말이다. 사교육의 대체재·경쟁재적 성격으로서의 공교육이 아니라 건전한 전인적 시민 양성과 경쟁력 있는 국가 인적자원의 육성이라는 공교육 본래의 기능 회복이 필요하다 하겠다.

사교육 등으로 인한 계층 간 교육 격차 해소를 위해 저소득층이나 소외 지역 학생들이 비용 부담 없이 공교육 체계 내에서 질 높은 교육을 받을 수 있도록 실질적인 지원(학비, 생활비 등) 및 교육적 책임을 강화할 필요가 있다.

사회 문화적 접근 ⅠⅠⅠⅠⅠⅠⅠⅠⅠⅠⅠⅠⅠⅠⅠⅠⅠⅠⅠⅠⅠⅠⅠⅠⅠⅠⅠ

① 일과 가정의 양립 문화 정착

'2015 전국 출산력 및 가족 보건복지 실태조사'를 분석한 결과를 보면, 가구 소득 수준이 전국 가구의 월평균 소득의 140~160% 미만인 고소득층에서 평균 출생아 수가 상대적으로 낮게 나타났다. 이는 기회비용, 즉 가격효과price effect가 발생하기 때문이다. 예를 들어 맞벌이하는 부부가 있다 치자. 둘이 벌어서 소득 수준이 높은 상황이라면 직장 생활을 포기하기보다는 자녀 출산을 뒤로 미루는 선택을 한다는 것이다.

중산층 이상 고소득층의 경우에는 기회비용을 줄이기 위한 일·가정 양립의 환경 조성과 더불어 사회 문화적 접근이 필요하다. 다시 말해 가정에서의 생활을 제대로 누릴 수 있도록 근로시간을 단축하고, 출산 및 육아 휴직을 자유롭게 쓰는 등 워라밸의 삶을 추구할 수 있는 기업 문화를 조성해 나가는 것이다.

한국여성정책연구원의 '2017년 일·가정 양립제도 실태조사(2017.10.)'에서 일·가정 양립을 위해 가장 먼저 추진해야 할 정

책으로 21.7%가 선택한 1순위 과제가 '장시간 근로 관행 개선'
이었다. 사업체의 임신기 및 육아기 근로시간 단축제도 도입 비
율은 각각 48.1%, 37.8%이고, 실제 시행 비율은 각각 34.9%,
27.2%였다. 이는 제도가 있더라도 실제 사용하는 데 어려움이
존재하는 것으로 해석된다. 이러한 점을 고려할 때 고용이 불안
정한 근로자의 경우, 제도의 혜택을 받지 못할 가능성이 크다.

사업체의 규모에 따라 제도 여부 및 시행 비율에 큰 차이가
나타나고 있어 기업 규모에 따라 실질적 지원이 이루어지는 방안
을 마련할 필요가 있다. 근로현장의 문화 및 행태 개선을 통해 일·
가정 양립 지원정책 활용이 근로자의 당연한 권리로 인정받고
실행되도록 정책 지원이 요구된다 하겠다.

② 일터·삶터에서의 양성평등

많은 선진 복지국가는 남녀 모두를 노동자이자 돌봄자로 전
제하는 성평등성을 정책 전반에 걸쳐 적용하고 있다. 양성평등
관점에 입각하여 남녀 모두가 일하면서 살아가는 것이 가능하
도록 사회정책을 조율하는 것이다.

이에 비해 우리나라는 아직 성평등 수준이 미미한 편이며, 일터와 삶터 속 성불평등이 이중으로 부담되어 수많은 여성은 양자택일의 단절적 생애를 경험하고 있다.

현대의 가족은 직장일과 가정일을 동시에 수행한다. 핵가족이 보편화된 현대사회에서는 여성의 활발한 노동시장 참가로 2인 생계 부양자 가족이 증가하고 있다. 이혼 가정, 미혼모 가정 등의 다양한 가족이 증가하면서 가족 분화도 급속히 전개되고 있다. 게다가 평생고용 개념이 사라지면서 노동시장의 심화된 경쟁구도에서 살아남기 위해 노동시간이 길어지는 등 노동강도도 높아지고 있다. 이와 같은 환경 변화로 인하여 일-가정 양립이 곤란해지면서 가족 내 돌봄 노동의 공백이 커지고, 출산을 연기 또는 축소하거나 심지어는 결혼을 연기 또는 포기하는 상황까지 벌어지는 것이다.

가족의 사회적 재생산 기능은 점차 약화되고 있는 반면, 출산 양육을 둘러싼 가족문화와 직장문화는 거의 바뀌지 않고 있다. 여성의 경제활동이 증가하면서 가족 내에서 성별 분업 체계가 변화하고 있음에도 불구하고, 전통적인 성분업적 역할관은 여전히 변함없는 것이다. 이로 인해 여성은 결혼과 출산으로 불가피하게 직장생활을 중단해야 하는 상황에 직면하고, 그럼으로써 경력 단절로 사회에서 소외당하고 있다.

사회생활과 가정생활에서 남녀평등이 제대로 이루어지지 않는 한 여성은 단순히 생계유지를 위한 경제 활동만 반복될 뿐이며, 더더욱 출산을 기피하는 현상이 두드러질 것이다.

이는 결국 저출산을 고착화시키는 꼴이 된다. 가정 내 육아 분담이나 직장의 일·가정 양립 문제가 전면적으로 해결되지 않는 한 결혼과 출산을 선택사항으로 생각하는 미혼 여성 비율의 감소를 기대하기는 사실상 어렵다. 이제 한국 사회의 저출산은 사회구성원 모두 양성평등 관점에서 적극적인 대안을 모색해야 한다.

기업 차원에서는 근로시간을 단축하는 노력과 함께 임신과 출산, 출산휴가와 육아휴직 그리고 다시 직장으로 복귀하는 단계에 맞춰 실효성 있는 제도 지원이 있어야 한다. 가족 차원에서는 남녀가 가사를 조화롭게 분담해 새로운 가족문화를 만드는 것이 중요하다. 지역사회를 기반으로 자녀 양육을 지원하고 가족친화사회를 조성해 나갈 수 있는 새로운 공동육아 커뮤니티 조성도 필요하다. 남녀가 가정과 일에서 평등할 수 있는 사회문화가 만들어질 때 저출산 문제를 극복할 수 있는 길이 열릴 것이다.

③ 결혼·출산에 대한 친화적 문화 조성

우리 사회의 저출산 문제는 사회·경제·환경의 변화와 가치관의 변화가 복합적으로 작용한 결과이다. 출산에 영향을 미치는 가치관으로는 가족관, 결혼관, 양성평등관, 성역할관 등이 있다.

이삼식 교수는 2006년 한국보건사회연구원에서 펴낸 '저출산 및 인구 고령화 대응 연구'를 통해 "저출산 정책들이 실질적으로 수행되기 위해서는 무엇보다도 미래세대에게 결혼 및 출산 관련 가치관들을 어떻게 정립하고, 어떻게 전달하는가가 중요하다"고 발표한 바 있다. 포용적이고 평등한 가족 문화 조성이 결혼에 대한 긍정적인 생각을 키우고 출산을 장려할 수 있다는 말이다.

유럽 국가들의 혼외 출산율은 우리나라에 비해 아주 높은 수준이다. 출산율 반등에 성공한 프랑스와 스웨덴 등의 혼외 출산율은 50% 이상 높으며, 낮은 수준의 출산율을 유지하고 있는 스페인(42.5%)과 이탈리아(28.8%), 독일(35.0%) 등의 혼외 출산율도 우리나라보다 훨씬 높다.

우리나라는 법률혼 외에서의 출산을 차별하고 냉대하는 문화가 강하게 작용하고 있어 동거 등의 발생 정도가 낮거나, 동거 중에 임신을 억제하는 경향이 강하거나, 동거 중에 임신을 할 경우 출산으로 이어지지 못하고 인공임신중절로 종결됐을 가능성이 존재한다. 보건복지부가 대학에 의뢰해 실시한 인공임신중절 실태조사에 의하면 인공임신중절을 시술한 미혼 여성의 수는 2005년에 14만 3,918명, 2010년에 7만 2,452명으로 나타났다. 그만큼 유럽에서는 출산으로 이어질 동거 부부 등의 임신이 한국에서는 인공임신중절로 사라진 셈이다.

프랑스의 시민연대계약(팍스, PACS)과 같이 다양한 가족에 대한 사회적 수용성도 키워야 한다. 1999년 도입된 프랑스의 시민연대계약은 동성 커플뿐만 아니라 이성 커플 사이에서도 대

중화되면서 단순 동거의 유연성과 결혼의 보장성을 결합한 대안적 가족 구성 원리로 주목받고 있다. 시민연대계약은 법률혼이 아닌 사실혼 커플도 등록만 하면 법률혼 부부에 상응하는 혜택을 제공하고 있다.

변양균 전 청와대 정책실장은 2017년 발표한 경제철학의 전환에서 이민청을 설립하고 신흥국에서 기술력을 갖춘 젊은 인력을 데려와 생산인구 감소의 경제적 충격을 감당하는 방법도 있다고 주장한 바 있다. 저출산 극복을 위한 내생적 접근 뿐만 아니라 이민, 귀화 등을 통한 외생적 접근도 필요하다는 이야기이다.

저출산 문제를 돌파하기 위한 국가정책들 ‖‖‖

① 저출산·고령사회 기본계획
합계출산율이 1.08명으로 사상 최저로 낮아졌던 2005년 이듬해부터 정부는 저출산·고령사회 기본계획을 수립했다.

2006년부터 13년간 5년 단위로 3차례에 걸쳐 저출산·고령 사회 기본 계획을 세워 갖가지 출산장려책을 추진하고 있다.

특히 3차 기본계획(2016~2020년)에서는 '저출산 극복의 골든 타임'을 강조하며 2020년까지 '합계출산율 1.5명'을 목표로 달 리고 있다. 그러나 국가 주도적 관점 유지 및 여성, 청년, 아동, 노인 등 정책 수요자에 대한 고려 부족으로 성과는 미흡한 편이 다. 취업, 결혼, 출산, 주거, 보육, 교육에 따른 고비용, 고위험과 일·가정에서 미약한 성평등 인식과 문화에 대한 종합적 정책 대 응이 부족한 탓이다.

② 저출산고령사회위원회

저출산고령사회위원회는 대통령이 위원장을 맡은 직속 기 구이다. 정부가 추진하는 저출산·고령화 관련 정책을 총괄하는 컨트롤 타워로 저출산·고령사회 정책에 관한 중요 사항을 심의 하는 대통령 소속 자문위원회이다.

대통령 직속 저출산고령사회위원회는 2018년 12월 7일 위원 회 심의를 거쳐 박근혜 정부의 3차 저출산·고령사회 기본계획을 전면적으로 재구조화한 '저출산·고령사회 정책 로드맵'을 확정 발표했다.

출산 장려 위주의 정책에서 전 세대의 '삶의 질'을 높이는 정책으로, 기존 천편일률 백화점식 대책에서 핵심과제에 집중하는 것으로, 단기 처방이 아닌 4차 기본계획(2021~2025년)과 중장기적으로 연계되었다는 점에서 그 의의를 찾을 수 있다. 특히 "출산 장려에서 모든 세대의 삶의 질 보장", "출산율 목표 폐기", "'성평등'이 정책 핵심 목표로 설정"되었다는 점에서 그 시사점이 크다.

이는 정부가 기존 저출산 대책의 큰 틀을 바꿨음을 의미한다. 출산율 올리기에서 모든 세대의 삶의 질을 고려하고, 성평등을 확립하며, 이미 다가온 인구 변화에 대비하는 것으로 전환했음을 보여 준다. 그러나 이러한 저출산 대책은 심각한 대한민국의 출산율에 비추어 볼 때, 그 절박성이 떨어지고 한가롭게만 느껴진다.

③ 경제활력대책회의 산하 인구정책 TF

2019년 3월 정부는 통계청 장래인구 특별 추계 발표에 대응해 범부처 차원에서 보다 적극적이고 신속하게 인구구조 변화에 대응해 나가기로 했다. 이렇게 해서 꾸려진 '인구정책 TF'는 경제 부총리를 수장으로 하여 고용반, 재정반, 복지반, 교육반, 산업반, 국토반, 국방반, 금융반, 지역반 별로 정책 과제를 발굴하여 구체화시키는 작업을 거쳐 결과물을 만들어 내는 걸 목표로 하고 있다.

④ 국정운영 5개년 계획 100대 과제

정부는 국정운영 5개년 계획 100대 과제 중 '미래세대 투자를 통한 저출산 극복'을 48대 과제로 정했다. 과제 목표는 결혼·출산·양육 친화적인 사회 시스템으로 전환하며, 강력한 저출산 대책 추진을 위한 컨트롤 타워 기능을 강화하는 것이다.

주요 내용으로 검토되고 있는 사안은 결혼·출산 친화 환경 조성으로 2022년까지 공공임대주택의 30%를 신혼부부에게 우선 공급, 2017년부터 난임 시술비의 건강보험 적용, 출산 지원금 도입 등이다. 보육·양육 지원 강화 측면에서는 2018년부터 아동수당을 지급하여 매년 어린이집을 대폭 확충, 2022년 국공립 어린이집 이용률이 40%에 이르도록 하는 것이다. 또한 일·가정 양립 지원 강화로는 2017년부터 첫 3개월 육아휴직급여 2배 인상, 2018년부터 아빠 육아휴직 보너스 제도 도입 및 육아로 인한 근로시간 단축을 지원하는 내용을 포함하고 있다.

아동보호 측면에서는 빅데이터를 활용한 아동보호 시스템을 구축하고, 공공 중심의 아동보호 종합지원체계 구축 및 아동보호 전문기관의 기능 역할에 대한 재정비를 중점·추진하는 것으로 되어 있다.

⑤ 저출산을 막기 위한 집중과제 수립

저출산·고령사회위원회가 발표한 정책 로드맵은 '모든 세대가 함께 행복한 지속가능사회'를 비전으로 한다. 이번 정책 목표는 2040세대에게 결혼과 출산을 선택하더라도 삶의 질이 떨어지지 않고 행복할 수 있다는 희망을 주고, 남녀평등한 일터와 가정이 당연한 사회가 되도록 하는 데 중점을 두었다.

저출산 주요 역량 집중과제

	과제명	예산(억)
1	안심하고믿을수있는보육·유아교육	48,303
2	신혼부부 맞춤형 임대주택 공급 대폭 확대	30,091
3	남성육아참여활성화	9,886
4	아동수당지급	9,665
5	지역사회 내 돌봄여건 확충	3,755
6	아이돌봄서비스 확충 및 내실화	1,723
7	직장어린이집 설치 지원	1,451
8	산모·신생아 건강관리 지원사업	642
9	아동학대예방 보호체계 강화	488
10	난임부부종합지원체계구축	118
기타	임신·출산 의료비 대폭 경감, 육아휴직제도 내실화 등	18
	합계	106,139

양승조의 스트리트 스마트
····················· *Street Smart*

저출산 극복을 위한 아이 키우기 좋은 충남 만들기

현재의 저출산 문제는 사회 구조적 결함으로 인한 결과이지 원인이 아니다. 정부는 이제 얼마의 지원금으로 출산을 강권해서는 안 된다. 믿고 맡길수 있는 보육 및 육아 시설을 확충하고, 젊은 세대들이 안정된 일터에서 일할 수 있는 주거 환경을 보장받지 못한 상태에서는 어떠한 노력도 실효를거두기 힘들다.

우리는 이제 '아이 키우기 좋은 사회'를 만들어야 한다. 그런 사회는 아이가 태어나기 전에 부모가 먼저 평온하고 안정된 생활을 누리도록 일자리와주거문제를 해결하는 사회다. 아이가 태어난 뒤에는 대한민국 국민으로서자신의 인권과 존엄을 지킬 수 있도록 양육과 의료, 교육 비용을 뒷받침할수 있는 사회다. 또한 부모에게 결혼-출산-양육이라는 일련의 흐름이 걱정과 부담, 두려움으로 다가오지 않도록 일과 가정에서 부모의 시간과 권리를 지원할 줄 아는 사회다.

나는 먼저 이런 사회 모델을 충남에서 실현시키기 위해 노력하고 있다.지역사회에는 중앙정부 못지않게 다양한 정책들이 존재한다. 그 정책들이중앙정부의 정책과 조화를 이루기도 하고, 때로는 갈등을 겪기도 하지만,

여러 시행착오 끝에 결실을 맺으면 그보다 큰 보람이 없다. 물론 복잡한 사회 구조 때문에 열매를 맺기까지 많은 시간이 걸리겠지만, 그런 이유로 시도조차 안 한다면 우리 사회는 조만간 각박하고 피폐한 사회로 곤두박질칠지 모른다. '아이 키우기 좋은 사회'는 일자리, 주거, 보육, 교육, 문화 등 가장 복합적이면서 어려운 과제다. 그럼에도 불구하고 다양한 상상력과 아이디어로 이 과제를 풀어나가기 위한 노력은 멈추지 않을 것이다.

1. 임산부 전용 창구 개설

먼저 나는 아이와 여성에게 친화적인 지역 사회를 만들기 위해 제일 처음으로 임산부 전용 창구를 마련했다. 현재 충청남도 터미널, 병원, 관공서 등 2,773개소에 임산부 전용 창구가 설치되어 임산부가 우선적으로 서비스를 받을 수 있도록 했다. 이러한 임산부 전용 창구는 지역사회에 생명 존중과 배려의 문화를 널리 퍼뜨리는 역할을 하리라 기대하고 있다.

2. 공공기관 임직원 육아시간 확대

나의 두 번째 정책은 '육아기 단축 근무'였다. 이는 육아 시간 확대를 위해 아이를 둔 부모가 1시간 늦게 출근하고 1시간 빨리 퇴근하는 것을 말하는데, 복무규정 등을 개정하여 2018년 8월 1일부터 시행에 들어갔다. 충청남도 산하 16개 공공기관에서는 만 8세 이하 자녀를 둔 남녀 임직원에 대해 1시간 늦게 출근하고 1시간 일찍 퇴근하는 육아시간 확대 정책을 시행하고 있다. 2019년 12월 현재, 대상인원 177명 중 127명이 이 제도를 이용하고 있다. 2020년에는 108개월 자녀까지 그 범위가 확대된다.

육아기 근로시간 단축, 배우자 출산휴가, 육아휴직제도가 생겨도 소득 감소와 사내 눈치 등으로 쉽게 사용할 수가 없어 제도의 실효성이 떨어진다는 지적이 있었다. 나는 남녀가 불평등한 일터, 육아로 인한 여성의 경력 단절, 독박 육아 등은 일과 가정생활의 균형을 무너뜨리는 요인으로 보고, 공공기관부터 육아기 단축근무를 시행하도록 했다.

3. 육아 공무원 인사가점제도

충청남도는 2018년 10월부터 육아 공무원 인사가점제도를 시행하고 있다. 이 제도는 출산과 육아에 있어 걸림돌로 작용했던 인사상 불이익과 경제적 어려움을 개선해 마음 편하게 육아에 전념할 수 있도록 하는 데 초점을 맞춘 것이다. 구체적인 내용을 이야기하면, 첫째, 둘째 출산시 여성 공무원에게 1회당 가점 1.0점을, 최대 2.0점을 부여한다. 셋째 이상 출산할 경우 남녀 공무원 모두에게 1.5점, 최대 3점을, 네 자녀의 출산 시에는 회당 2점, 최대 4점을 부여한다. 특히 체감 효과를 높이기 위해 출산휴가나 육아휴직이 끝난 후 업무에 복귀한 즉시 가산점을 부여함으로써 제도의 효과를 높이고 있다. 2020년 하반기 인사에는 이 제도에 의한 승진자가 탄생할 것이다. 또한 남성에게도 가산점이 확대·적용될 것이다.

이와 더불어 3자녀 이상 다자녀 공무원은 승진예정인원의 1.5배수 범위 내 있는 경우 우선 승진대상자로 선발된다. 이에 따라 2020년 상반기 인사에서는 총 3명의 우대승진자가 탄생했다. 또한 다자녀 공무원에게는 근무 희망부서를 최우선 고려하여 배치하고 있다. 앞으로도 충남은 저출산 극복을 위해 공직자가 솔선수범할 수 있는 분위기를 조성할 계획이다.

4. 전국 최초 광역단위 아기수당 지급(행복키움수당)

2018년 9월부터 도입된 아동수당은 내가 직접 2007년 국회에 최초 법안을 발의하여 논의를 이끌었던 사안으로, 이후 10년에 걸친 끈질긴 설득과 홍보 끝에 문재인 정부에 의하여 채택된 제도이다.

나는 둘 이상의 아동을 출산하는 모든 부모에게 아동이 5살이 될 때까지 월 10만 원의 아동수당을 지급하고자 했다. 이는 심각한 저출산 문제를 해소하기 위함이었다. 당시 출산 중단의 가장 큰 이유는 경제적 부담(보건사회 연구원, 2006년)으로 조사되었고 당시 세계 88개국, OECD 35개국 중 31개국에서 이미 시행 중인 제도였다.

충남에서는 충남형 아기수당(행복키움수당)을 지급하고 있는데, 정부 아동수당과 함께 도 자체적으로 추진하고 있다. 충남아기수당은 보호자와 아기가 도내에 주소를 두고, 실제 거주하고 있는 경우 소득이나 재산과 무관하게 출생한 달부터 12개월까지 매월 10만 원씩 지원하는 제도다.

2018년 11월, 충남은 전국 시도 가운데 가장 먼저 '충남아기수당'이라는 이름으로 만 12개월 이하 아기를 대상으로 아기수당 지급을 본격화했다. 현재 '행복키움수당'으로 변경된 충남형 아동수당은 지원 기간을 2019년 11월에 만 24개월 미만으로 1차 확대하고, 2020년 11월에는 만 36개월 미만으로 2차 확대한다. 이에 따라 보호자와 아기가 도내, 동일 주소지를 두고 실거주하는 경우 소득·재산과 무관하게 출생한 달부터 만 36개월까지 매월 10만 원을 받게 된다. 2019년 11월 현재, 아기수당 지원 기간 확대로 행복키움수당 지급 대상 도민은 4만 4천 500여 명으로 추산됐다.

5. 전국 최초 고교 무상교육, 친환경 무상급식, 중1부터 무상교복

2019년 3월 4일부터 도·교육청 공동으로 3대 무상교육을 실천하고 있다. 충남에서는 중학생들에게 교복이 무상 지원되고, 고교 무상급식이 현실화되었다. 아이 키우기 좋은 보육·교육 환경 조성을 위해 중학교 무상 교복 지원은 2019년 중학교 1학년부터, 고교 무상교육과 무상급식은 전 학년을 대상으로 2019년부터 시작했다. 충남에 고등학교 학생을 둔 부모는 수업료, 책값과 급식비를 일체 내지 않아도 되는 것이다.

중학교 무상교복은 2019년도에 입학하는 1만 9,310명을 대상으로 동복과 하복 한 벌씩 지원된다. 해당 비용은 58억 원으로 충남도교육청이 전액 부담한다. 특히 무상급식의 경우 친환경급식으로 유·초·중·고·특수학교 학교유형에 관계없이 도내 전체 학생 26만여 명을 대상으로 시행한다. 2020년 1월부터는 어린이집으로도 확대하여 시행하고 있다. 이는 성장기 학생의 건강한 심신발달과 학부모 부담 경감, 그리고 학교급식 지원센터를 통한 지역 우수 농축수산물 공급으로 농가 소득증대에 이바지할 것이다. 친환경 무상급식에 들어가는 식품비는 도와 시군이 부담하고, 인건비는 도교육청이 부담한다. 학교급식지원센터를 통한 친환경, 지역 우수식재료 공급 확대 등 지역식품순환체계와 연계하여 지속적인 노력을 다할 것이다. 고교 무상교육은 자사고와 대안학교를 제외한 도내 118개교 5만 9,005명을 대상으로 이루어질 예정인데, 학생들에게 수업료와 교과서 구입비 등을 지원한다.

중학교 무상교복 지원

중학교 1학년 1만 9,310명 1인당 30만 원

고교 무상급식

118개 고교 전학년 6만 6,218명. 연190일 1식 5,880원씩. 1인당 112만 원

* 충남 친환경 무상급식 수혜인원

735개 초중고특수학교 24만 6,656명

(+α)유치원 무상급식 식품비 지원: 505개 유치원 2만 8,188명

고교 무상교육

117개 공사립고 5만 8,660명. 수업료, 교과서 등. 1인당 123만 5천 원

6. 임산부 우대금리 예·적금 상품 지원

2018년 7월, NH농협은행, KEB하나은행과 함께 임산부 우대금리 상품 지원 업무협약을 체결하였다. 임산부가 정기예금에 가입하면, 5000만 원 한도 내에서 해당 은행 기본 금리에 0.6~0.9%의 우대금리를 제공하기로 한 것이다. 정기적금은 기간에 따라 기본 금리에 0.65~1.55%의 우대금리를 가산하며, 환전 수수료도 80% 감면해 주기로 했다. 그 결과 1년여간 384명의 임산부들이 혜택을 받았다. 계속 좋은 반응을 얻고 있으며, 안정된 정책으로 자리매김하게 되리라 믿는다.

7. 임산부 119구급 서비스

임산부 119구급서비스는 산부인과가 없는 읍·면지역 임산부를 대상으로 긴급이송과 응급처치, 출산 등을 돕는 서비스로 2018년 12월 도입됐다. 충남은 그동안 이 서비스를 산부인과가 없는 도내 14개 시군 읍·면(천안시 전체와 시·군 동지역 제외)지역 임신부와 분만 6개월 미만 산모 등을 대상으로 지원해 왔다. 2020년 1월부터는 이를 확대해 충남 모든 시군 읍·면·동에서 이 서비스를 받을 수 있다.

서비스를 신청한 임산부가 119에 신고하면 구급대의 신속한 출동과 응급처치, 사전 예약된 병원으로의 이송 등 맞춤형 구급서비스를 제공받게 된다. 2019년 12월 현재, 임산부 119구급서비스에 등록된 충남지역 임산부는 4,203명으로 이 중 619명의 임산부가 119구급서비스를 이용했다. 충남은 앞으로도 저출산 극복을 위해 임산부가 안심하고 출산할 수 있는 안전 서비스 체계를 확대할 것이다.

아이 키우기 좋은 충남을 만들어 가는 것은
누구라도 살기 좋은 충남을 만드는 것입니다.

사회 양극화, 고령화, 저출산의 3대 위기 위대한 국민인 우리가 능히 극복할 수 있다

지금까지 나는 사회 양극화, 고령화, 저출산을 우리나라 3대 위기로 규정하고 이의 현상과 문제점, 그리고 대응 방안에 대해 말했다. 일부의 독자는 지금까지 서술한 3대 위기의 현상, 그리고 지금과 같은 상태로 진행되었을 경우 우리나라의 미래가 너무나 절망적인 것이 아닌가 하는 생각을 할 수도 있다. 그러나 그럴 필요가 없다는 것 또한 내 생각이다.

대한민국의 5천 년 역사를 보면 한민족 내지 국민 차원에서는 문제가 된 적이 한 번도 없었다. 왕, 귀족, 대통령, 국회의원 등 지도자의 수준이 다른 나라의 수준에 못 미쳤을지 모르지만 민족적 수준을 보면 늘 다른 나라보다 앞섰다.

임진왜란 당시 조선의 14대 임금 선조가 보름 만에 수도 한양 도성을 버리고 평양을 거쳐 의주로 도망갈 때, 조선의 일반 백성들은 동족을 구하고 나라를 지키고자 의병으로 분연히 일어섰다. 특히 농민 등을 중심으로 당시 천대받던 노비, 승려들의 이름 없는 죽음들이 일본군의 육지 보급로를 차단하며 전세를 역전시킬 수 있었다.

위키백과에 의하면 임진왜란 당시 총 전투는 105회 걸쳐 전개되었으며, 이 중 의병이 참가한 전투는 총 26회에 이르는 것으로 나타나고 있다. 1593년 정월에 명나라의 진영에 통보한 전국의 의병 총수를 보면 관군의 4분의 1에 해당하는 2만 2,600여 명에 이르렀다. 그러나 이 수는 의병의 활동이 가장 활발했던 임진년(1592년)에 비하여 많이 줄어든 숫자이다. 곽재우·고경명·조헌·김천일·김면·성인홍 등 수를 헤아릴 수 없는 많은 의병장들이 이 땅을 지키며 쓰러져 갔다.

이는 병자호란 때도 마찬가지다. 조선의 16대 임금 인조가 남한산성에 피신해 있을 때 산성을 지키는 병력은 1만, 남아 있는 식량은 4천 석에 불과했다. 반면 포위한 청군의 수는 무려 12만에 이르렀고 또 의병을 견제하기 위해 군세를 나누어 곳곳에 매복하고 있었다. 의병들은 이를 알면서도 남한산성의 위급함을 구하고자 달려왔고 또한 전국 각지에서 기병함으로써 나라의 위급함을 구하고자 했다. 우리 민초들은 온갖 고초를 겪으면서도 이 땅을 포기하지 않았던 것이다.

1910년 8월 29일 경술국치의 날은 또 어떠한가. 을사5적, 정미7적 등 나라를 파는 데 협력한 왕족들과 고관들은 일제로부터 온갖 작위와 은사금을 받으며 매국賣國의 상급을 받았다. 물론 우당 이회영 가문, 이상룡 선생 등 노블레스 오블리주를 실천하신 분들도 계셨지만, 대다수 기득권층은 현실에 안주하고 일제에 적극적으로 부역했다. 하지만 망국의 백성들은 그러하지 않았다. 담배를 끊어 저축하고, 금은비녀와 가락지를 내놓고, 심지어 머리카락을 잘라 팔며 국채보상운동에 참여했다. 노동자와 인력거꾼, 기생, 백정 등 하층민들, 우리의 갑남을녀들이 3.1독립운동의 함성을 높게 외쳤다. 간도에서, 상해에서, 하와이의 사탕수수농장에서 나 자신은 헐벗더라도 조국의 독립을 위해 독립자금을 모았다. 서대문 형무소에서 모진 고문을 받으면서도 독립의 꿈을 포기하지 않았다. 어떤 위기에도 의연하게 그리고 끈질기게 대처해 온 국민들이 있어 광복의 아침은 한반도의 어둠을 몰아냈다. 이 모두가 36년 줄기차게 이어 온 독립운동의 결과인 것이다.

1950년 6월 25일, 대한민국 초대 대통령 이승만 대통령이 한강교를 폭파하고 선조와 같이 부산으로 피난을 갈 때도 대한민국의 국민은 한 뼘의 땅이라도 지켜내기 위해 전쟁의 한복판으로 뛰어들었다. 분단 이후, 우리 국민들은 하루 3, 4 시간만 자고 방직공장에서 재봉틀을 돌리며, 독일 탄광과 병원에서 타향살이를 하며, 이름 모를 베트남의 정글에서 싸우며 조국의 가난을 끊어냈다. 외환위기 때 금 모으기를 통해 위기 극복의 맨 앞에 섰던 이들도 위대한 국민이었다.

이미 앞에서도 밝혔지만, 우리가 이룩한 경제 성과는 너무도 찬연하다. 1인당 국민소득이 3만 달러가 넘는 나라, 세계 12위 권의 경제대국, 2019년도 원조예산이 3조 2,003억 원에 이르는 원조대국, 세계 6위의 수출대국, 이 모두가 우리 국민들이 이룬 자랑스러운 결과이다.

어디 그뿐인가? 수많은 피와 눈물을 흘리면서 4.19혁명과 부마민주항쟁, 5.18민주화운동, 6.10민주항쟁, 그리고 촛불 혁명을 통해 진정한 민주공화국을 완성했다. 지금껏 나라를 전진시킨 것은 국민의 단결된 힘이었다. 이토록 '위대한 국민'이 임진왜란, 병자호란, 경술국치를 이겨내고 한국전쟁과 독재의 터널을 지나 눈부신 경제성장과 민주주의를 쟁취했다.

무슨 말인가. 3대 위기나 한반도 평화, 미세먼지 등 사회적 문제에 대해서 국민이 인식하고 합의해 결단만 내린다면 나는 이러한 저출산, 고령화, 사회 양극화는 우리가 능히 100% 극복하고도 남는다고 확신한다. 그것도 다음 세대가 아닌, 지금 우리세대에서 지속가능한 대한민국의 미래를 그릴 수 있다고 확실하게 믿고 있다.

나는 그런 면에서 먼저 3대 위기라는 인식을 함께 하는 것이 가장 먼저 선결되어야 한다고 생각했다.

세계적 석학인 《총, 균, 쇠》의 저자 재레드 다이아몬드Jared Mason Diamond도 《대변동》에서 이를 강조했다. 저자는 무엇이 위기인지 정의하고, 국가적 위기 해결을 위한 핵심 요인을 12가지로 설명했다.

12가지 요인 중 단연 제일 첫 번째 단계는 "국가가 위기에 빠졌다는 것을 모든 국민이 인식하는 것"이었다. 국가가 위기를 극복하기 위해 가장 먼저 해야 할 일은 위기를 담대하게 받아들여야 한다는 것이다. 재레드 다이아몬드는 솔직하게 '위기'를 인정하고 지혜로운 '선택'을 통해 적극적 '변화'를 모색할 때 더 나은 발전이 가능하다고 주장했다.

본문에서 보았듯 3대 위기는 우리 사회의 모든 병폐가 응축된 결과이자 원인으로 작용하고 있다. 3대 위기 극복의 선도적 모델은 고비용 사회를 저비용 사회로 바꾸는 것으로 시작한다. 우리 사회의 정치·경제·행정 시스템인 미국식 능력 본위 생존경쟁, 승자독식, 약육강식의 가치를 바탕으로 개인 각자의 임금, 능력을 키우는 사회는 늘 승자와 패자가 갈리게 되어있다.

무한경쟁과 승자독식의 구조, 취약한 사회안전망에 대한 획기적인 개선 없이는 어떤 대책도 대증요법에 불과하다.

내가 가고자 하는 미래는 고용, 출산, 주거, 보육, 교육 등의 사회적 인프라를 튼튼히 하여 우리가 살아나가는 데 기본적으로 필요한 비용을 낮추는 세상이다. 그 길은 오랜 기간 많은 재정이 투입되기에 사회적 결단, 사회적 합의가 필요하다. 또한 아직 가보지 않은 길이기에 다양한 정책시도와 실험이 요구된다.

이를 위해 나는 임산부 전용 창구부터 충남형 사회적 주택까지 다양한 정책을 선도적으로 추진하고 있다. 또한 어린이, 학생, 청년, 직장인, 직장맘들부터 어르신까지 여러 세대에게 3대 위기의 위급함과 절박성, 대안을 말씀드리고 공감대를 형성하고 있다. 위대한 국민이 뜻을 같이 한다면 3대 위기라는 국가적 재난을 막고 모두가 함께 긍정적인 미래를 맞이할 수 있을 것이다.

사족으로 나는 통계기반 정치와 행정을 하고 있다. 본문의 수많은 통계, 수치에 놀란 분도 있을 것이다. 하지만 기존의 경험·직관이 아닌 객관적 데이터에 기반하여 사회현상을 분석하려고 노력했다. 통계를 기준으로 하면 적절한 정책 대안을 채택하였는지 판단할 수 있게 되고, 뜬구름 잡기나 주먹구구식 정책이 아닌 국민의 실질적 삶의 질 제고가 가능한 과학적 정책이 가능하다. 또한 각종 통계와 데이터, 연구 결과 등을 고려하여 정책적 의사를 결정하는 증거기반evidence-based 정책은 의견, 이념, 철학에 근거하여 결정하는 의견기반opinion -based정책보다 정책과정이 투명해져 신뢰성을 얻고, 정책 내용의 책임성, 타당성을 제고할 수 있다. 4차산업혁명에 따라 빅데이터의 축적 및 분석 기술이 폭발적으로 발전하여 그 정합성·효용성이 증폭될 것이다.

나는 3대 위기와 도정의 주요 통계자료를 내 머릿속에 틈틈이 넣고, 숫자 이면의 현실도 내 마음속에 꼼꼼히 새겨 넣고 있다. 독자 여러분도 정책 망원경이자 현미경, 그리고 사회현상의 핵심 증거인 통계를 통해 3대 위기의 절박성과 심각성을 인식해 주길 바란다.

미래에 대한 희망을 포기하지 않으면서도, 현재의 비참한 상황을 냉정하게 받아들이는 자세를 '스톡데일 패러독스Stockdale paradox'라 한다. 베트남 전쟁 당시 8년간 포로 생활을 한 미국 해군장교의 스톡데일의 이름에서 따온 용어이다.

스톡데일 장군은 베트남 전쟁에 참전, 1965년 포로가 되어 90cm*275cm의 독방에 감금되어 8년 뒤인 1973년 풀려났다. 같이 수용된 포로들 중에 "이번 부활절에는 풀려날 거야, 추수 감사절에는 풀려날 거야, 크리스마스 때는 풀려날 거야"라며 근거 없는 희망에 기댔던 '비합리적 낙관론자'들은 반복되는 상실감에 죽었다. "풀려나긴 글렀어. 여기서 죽을 거야"라고 아예 포기한 '비관론자'들도 좌절감에 사망했다. 그러나 스톡데일은 현실을 냉정하고 비판적으로 받아들이면서도, 앞으로 다가올 미래에 대해서는 낙관적으로 바라보며 지옥같은 포로 생활을 견뎌냈다.

3대 위기에도 스톡데일 패러독스가 적용될 수 있다. 우리 국민에게는 강한 회복 탄력성과 전환 능력, 역동성이 있다. 환경 변화에 적응하는 능력도 탁월하다. 냉철한 현실인식과 합리적 낙관주의, 실천적 의지와 태도로 냉혹한 포로 생활을 극복해낸 스톡데일의 역설처럼, 3대 위기의 늪에 빠진 대한민국도 '위대한 국민'이 뜻을 모은다면 담대하게 극복해낼 것이다.

대한민국의 3대 위기는 위대한 국민이 능히 극복할 수 있다.

2020년 1월
양승조

참고 문헌

제1부. 과거 위기의 시대를 복기하다

한국민족문화대백과사전 편찬부, 한국민족문화대백과사전,
한국정신문화연구원, 1994
산업정책팀, 100대 기업의 변천과 시사점, 대한상공회의소, 2011
김종년, 한국기업 성장 50년의 재조명, 삼성경제연구소, 2005
world economic outlook database, IMF, 2019
2018년 기준 기업특성별 무역통계(속보), 통계청·관세청, 2019
'19년 국제개발협력 종합시행계획, 국제개발협력위원회, 2019
고종문, 성공의 기술, 지구문화사, 2010

제2부. 현재의 위기 1 : 사회 양극화

2019 세계행복보고서, UN SDSN, 2019
김상호 외, OECD 국가의 복지 수준비교 연구, 한국보건사회연구원, 2016

2019년 사회조사, 통계청, 2019

주원·백다미, 계층상승 사다리에 대한 국민인식 설문조사, 현대경제연구원, 2017

2018 출입국·외국인정책본부통계연보, 법무부, 2019

2018년 사망원인통계, 통계청, 2019

김낙년, 한국의 소득집중도: update, 1933-2016,

한국경제포럼 제11권 제1호, 2018

2019년 가계동향조사(소득부문) 결과, 통계청, 2019

2018년 가계동향조사(지출부문) 결과, 통계청, 2019

김낙년, 한국의 부의 불평등, 2000-2013: 상속세 자료에 의한 접근,

낙성대경제연구소, 2015

남상호, 우리나라 가계 소득 및 자산 분포의 특징, 한국보건사회연구원, 2015

심기준, 2019년 국정감사 자료, 2019

경실련·정동영, 상위 1% 다주택자 주택소유 현황, 2019

2018년 주택소유통계, 통계청, 2019

2018 고용형태별 근로실태조사 결과, 고용노동부, 2019

2019년 상반기 지역별고용조사 취업자의 산업 및 직업별 특성, 통계청, 2019

2019년 8월 경제활동인구조사 근로형태별 부가조사 결과, 통계청, 2019

OECD Statistics, OECD, 2019

김유선, 저출산과 청년일자리 이슈페이퍼, 한국노동사회연구소, 2016

청년층의 취업 관련 시험 준비 실태, 한국직업능력개발원, 2018

오준범, 공시의 경제적 영향 분석과 시사점, 현대경제연구원, 2017

김광수, 2019년 국정감사 자료, 2019

박진, 양극화의 늪, 제15차 미래한국리포트, 2017

이만우, OECD 사회통합지표 분석 및 시사점, 국회입법조사처, 2016

김훈민, click 경제교육, KDI 경제정보센터, 2010

OECD Social Expenditure Database, 2019

성경륭, 불평등의 현황, 원인, 대책, 충청남도 양극화 대응 정책토론회, 2019

충남 경제사회 구조변화와 양극화, 충남연구원·충남여성정책개발원, 2019

제3부. 현재의 위기 2 : 고령화의 위기

장래인구특별추계: 2017-2067년, 통계청, 2019

세계와 한국의 인구현황 및 전망 보고서, 통계청, 2019

아시아태평양지역경제전망(Regional Economic Outlook: Asia and Pacific), IMF, 2017

2018 건강보험 통계연보, 건강보험공단·건강보험심사평가원, 2019

2018년 생명표, 통계청, 2019

2018 고령자 통계, 통계청, 2018

통계로 보는 사회보장 2018, 보건복지부, 2019

원시연, OECD 통계에서 나타난 한국 노인의 삶과 시사점, 국회입법조사처, 2019

Pensions at a Glance 2019, OECD, 2019

불평등한 고령화 방지(Preventing Ageing Unequally), OECD, 2017

한눈에 보는 사회 2019(Society at a Glance 2019), OECD, 2019

2019 고령자 통계, 통계청, 2019

OECD 통계에서 나타난 한국 노인의 삶과 시사점, 국회입법조사처, 2019

폐지수집 노인 실태에 관한 기초연구, 한국노인인력개발원, 2019

2019 자살예방백서, 보건복지부·중앙자살예방센터, 2019

2017년도 노인실태 조사, 한국보건사회연구원, 2017

제2차 독거노인 종합지원대책('18-'22년), 보건복지부, 2018

박경훈, 고령화의 원인과 특징, 한국은행, 2017

이삼식, 출산 및 양육 친화적 가족문화 및 직장문화 조성 방안, 한국보건사회연구원, 2007

이삼식, 인구 및 출산동향과 대응방향, 한국보건사회연구원, 2017

윤민석, 서울의 고령화 현황과 대응방안, 서울연구원, 2016

정재훈, 저출산·고령화 대응 정책의 성격과 전망, 한국보건사회연구원, 2018

새로운 한국사회 고령화 비전, 고령화특별위원회, 저출산고령사회위원회, 2018

저출산·고령사회 정책 로드맵, 저출산고령사회위원회, 2018

정건화, 미국의 고령화 상황과 고령정책, 민주사회와 정책연구원, 2018

지역사회 통합 돌봄 기본계획, 보건복지부, 2018

제4부. 현재의 위기 3 : 저출산의 위기

인구동향조사: 인구동태건수, 통계청, 2019

2019 행정안전통계연보, 행정안전부, 2019

2018년 인구동향조사, 2019

2019 세계인구현황 보고서, 유엔인구기금(UNFPA), 2019

강성원 외, 저출산 극복을 위한 긴급제언, 삼성경제연구소, 2010

합계 출산율 1.19명 지속시 대한민국 향후 총인구 변화, 국회입법조사처, 2014

김상호, 지방소멸지수 2019, 제20차 저출산고령화 포럼, 2019

시도별 장래인구특별추계: 17-47년, 통계청, 2019

주민등록인구현황, 행정안전부, 2019

이철희, 저출산·고령화 대응 정책의 방향: 인구정책적 관점, 보건복지포럼, 2018

안병권 외, 인구고령화가 경제성장에 미치는 영향, 한국은행, 2017

김민창, 우리나라의 생산연령인구 추이 및 전망과 시사점, 국회 입법조사처, 2019

해리 덴트, 권성희 역, 2018 인구 절벽이 온다, 청림출판, 2015

제4차 국민연금 재정계산 장기재정전망 결과, 국민연금재정추계위원회, 2018

국민연금 중기재정전망(2019~2023), 국민연금연구원, 2019

2019년 교육기본통계, 교육부, 2019

대학혁신지원방안, 교육부, 2019

국방인력구조 개편안, 국방부, 2018

표시과목별 의원 현황, 국민건강보험공단, 2019

어린이집 및 이용자통계, 보건복지부, 2019

도소매업조사, 통계청, 2018

2018년 혼인·이혼 통계, 통계청, 2019

2018년 출생통계, 통계청, 2019

이소영, 자녀 출산실태와 정책 함의, 한국보건사회연구원, 2019

고용동향, 통계청, 2019

이소영 외, 2018년 전국 출산력 및 가족보건복지 실태조사, 한국보건사회연구원, 2018

2017년도 주거실태조사 결과, 국토교통부, 2018

2018년도 주거실태조사 결과, 국토교통부, 2019

전국주택매매가격동향, 한국감정원, 2019

저출산 대책 평가[정책환경], 국회예산정책처, 2016

2018년 초중고 사교육비 조사, 교육청·통계청, 2019

OECD 교육지표 2018, OECD, 2018

해외경제포커스, 한국은행, 2018

2018 일·가정 양립 지표, 통계청, 2018

이지혜, 일·가정양립 실태와 정책 함의, 한국보건사회연구원, 2019

자녀를 둔 부모의 고용 상황 분석 결과, 고용노동부, 2017

박건, 기혼여성의 재량시간 활용과 시간관리 실태연구, 서울시여성가족재단, 2016

2018년 한국의 사회지표, 통계청, 2019

2015년 전국 출산력 및 가족보건복지 실태, 한국보건사회연구원, 2015

2018년 전국 출산력 및 가족보건복지 실태, 한국보건사회연구원, 2018

OECD 주요국 출산율 동향과 정책적 시사점, 주 오이시디 대표부, 2019

저출산 대책 평가[일자리], 국회예산정책처, 2016

주거복지로드맵, 국토교통부, 2017

임병권 외, 사회주택의 국내·외 사례분석과 금융지원 방안 연구, 주택금융연구원, 2018

임병권 외, 유럽국가의 사회주택 현황과 지원정책에 관한 사례연구, 한국주택금융공사, 2017

제3차 중장기보육 기본계획(2018-2022), 보건복지부, 2017

저출산 대책 평가[교육], 국회예산정책처, 2016

장원호, 저출산 원인으로서의 공교육의 문제점과 대책, 국회입법조사처, 2010

이삼식, 최근의 임신 및 출산 실태와 정책적 함의, 한국보건사회연구원, 2016

김영옥 외, 2017년 일가정 양립제도 실태조사, 한국여성정책연구원, 2017

저출산 대책 평가[가족, 양육], 국회예산정책처, 2016

정재훈, 저출산·고령화 대응 정책의 성격과 전망, 2018

신윤정 외, 저출산 및 인구고령화 대응 연구, 한국보건사회연구원, 2006

박선권, 저출산 관련 지표의 현황과 시사점, 국회입법조사처, 2019

변양균, 경제철학의 전환, 바다출판사, 2017

제3차 저출산고령사회기본계획(2016-2020), 정부, 2015

인구구조 변화 대응방안, 범부처 인구정책TF, 2019

위기 속 대한민국, 미래를 말하다

2020년 2월 21일 초판 1쇄 발행
2021년 7월 07일 초판 4쇄 발행

글	양승조
펴낸이	티아고 워드Tiago Word
펴낸곳	출판문화 예술그룹 젤리판다
출판등록	2017년 12월 14일(제2017-000148호)
주소	서울특별시 영등포구 경인로 775 에이스하이테크시티 1동 803-22호
전화	070-7434-0320
팩스	02-2678-9128
블로그	blog.naver.com/jellypanda
인스타그램	www.instagram.com/publisherjellypanda(@publisherjellypanda)
총괄기획	홍승훈
기획	박보영
편집	이송이, 권현주
마케팅	Caroline Dorothy, 데이비드 윤, 장호철
디자인	이정은

ISBN 979-11-90510-01-1 03320
정가 16,500원